ISABELL PROPHET

Wie gut soll ich denn noch werden?!

Buch

Fitness, Fremdsprachen, Karriere, Liebe: Die Möglichkeiten, sein Ich zu perfektionieren, sind heute unglaublich groß, und das Beste ist: Alles ist nur einen Klick entfernt. Jeder kann es spielend leicht schaffen, seinen Traumpartner zu parshippen, 15 Minuten Transzendenz in der Meditations-App zu finden und mit YouTube-Tutorials gelenkig wie ein Yogi zu werden. Wir optimieren Körper und Seele. Dabei ist das Besserwerden eine Illusion, denn der durchoptimierte Mensch ist nicht glücklicher als vorher.

Autorin

Isabell Prophet, geboren 1986, arbeitet als Journalistin. Sie studierte Wirtschaftswissenschaften, ehe sie bei der *Celleschen Zeitung* ein Volontariat absolvierte und die renommierte Henri-Nannen-Journalistenschule besuchte. Sie war bereits für Medien wie *Spiegel Online, Spiegel Wissen, FAZ.NET, t3n.de* und *Emotion* tätig und baute für den ZEIT-Verlag das Onlinemagazin *ze.tt* mit auf.

Ihre Themen sind künstliche Intelligenz, moderne Arbeit und modernes Leben, manchmal auch alles gleichzeitig. Bei Mosaik erschien im Jahr 2017 ihr erstes Buch »Die Entdeckung des Glücks«.

Außerdem von Isabell Prophet *im Programm*
Die Entdeckung des Glücks/Happy Monday!
(auch als E-Book erhältlich)

Isabell Prophet

Wie gut soll ich denn noch werden?!

Schluss mit übertriebenen Ansprüchen
an uns selbst

GOLDMANN

Alle Ratschläge in diesem Buch wurden von der Autorin und vom Verlag sorgfältig erwogen und geprüft. Eine Garantie kann dennoch nicht übernommen werden. Eine Haftung der Autorin beziehungsweise des Verlags und seiner Beauftragten für Personen-, Sach- und Vermögensschäden ist daher ausgeschlossen.

Sollte diese Publikation Links auf Webseiten Dritter enthalten, so übernehmen wir für deren Inhalte keine Haftung, da wir uns diese nicht zu eigen machen, sondern lediglich auf deren Stand zum Zeitpunkt der Erstveröffentlichung verweisen.

Dieses Buch ist auch als E-Book erhältlich.

Verlagsgruppe Random House FSC® N001967

1. Auflage
Originalausgabe Juli 2019
Wilhelm Goldmann Verlag, München, in der Verlagsgruppe
Random House GmbH, Neumarkter Str. 28, 81673 München
Dieses Buch wurde vermittelt durch die AVA international GmbH
Autoren- und Verlagsagentur, München.
www.ava-international.de
Umschlag: Uno Werbeagentur, München
Satz: Uhl + Massopust, Aalen
Druck und Bindung: CPI books GmbH, Leck
Printed in Germany
JE · Herstellung: CB
ISBN 978-3-442-17808-7
www.goldmann-verlag.de

Besuchen Sie den Goldmann Verlag im Netz:

Inhalt

Kauf mich 10

Von Menschen: Das Problem sitzt immer
vor dem Bildschirm 16

#1 Die Suche nach dem wahren Ich führt ins Verderben 17
Verlockungen vor dem ersten Sonnenstrahl 18
Wer sich selbst sucht, der übersieht sich 24
Der Konsument ist tot 30
Selbstbetrug in Endlosschleife 37
Wissen gibt uns die Freiheit zurück 43

#2 Mehr ist nicht weniger 45
Keiner mag es – jeder tut es. Auch Sie 45
Wir tun aus den falschen Gründen
das Richtige 51
Selbstoptimierung ist wider die
menschliche Natur 58
Der Zielkonflikt des Optimierungskonsums 63
Und dann retten wir noch alle anderen 70

#3 Angst ist der neue Sex 76
Wer Angst vor dem Leben hat, stürzt sich
in die Selbstoptimierung 76
Wir haben nicht genug Probleme 81
Die eigene Angst 84
Die Angst der anderen 88
Die Angst wird teuer 92
Das Geschäft mit der Angst 97

Von Maschinen: Der Gegner wartet im Computer. Und er ist bewaffnet. 102

#4 Wir wissen nicht genug 103
Der Weg ist nicht das Ziel. Das Ziel
ist das Ziel 104
Wir vertrauen am liebsten den Idioten 111
Professor Doktor Ich 118
Gemeinsam sind wir dumm 122
Optimierung meiner Wahl 130

#5 Big Data macht unser Leben zur Handelsware 137
Konsumvieh und Verkaufsmaschinen 137
Das Internet ist voll mit Müll 149
Peak Privacy (is over) 154
Wir wissen, was wir tun 164

#6 Die Retter sind die eigentliche Gefahr 170
Vorsicht vor denen, die uns retten wollen 170
Masterplan Umerziehung 177
Etikett Selbstoptimierung 181
Sag das Zauberwort 184
Was sollen die Leute denken? 191

Vom Leben: Wehren wir uns! ... 198

#7 Wir können die Welt anhalten ... 199
Seid egozentrisch! ... 200
Das bessere Leben gibt's gratis ... 203
Neid muss man erst lernen ... 206
Superlative sind ineffizient ... 211
Du hast keine Macken, du hast Charakter ... 214
Probieren wir uns aus ... 217
Freiheit schlägt Gewohnheit ... 221
Wettkampfyoga ist keine Lösung ... 227
Prioritäten ersetzen Optimierung ... 231
Du bist genug ... 234
Das Glück liegt im Privaten ... 237
Blindes Vertrauen in den wichtigsten Menschen: uns selbst ... 239
Hinterfragen wir uns, unseren Konsum – und unsere Selbstzweifel ... 243

#8 Das Leben gelingt nur mit Unabhängigkeit ... 245
Wir brauchen das nicht ... 245
Alle Macht den Nein-Sagern ... 248
Glück braucht keine Perfektion ... 250

#9 Schlussbemerkungen ... 256

Anhang
Danke ... 259
Weiterlesen ... 261
Register ... 265
Quellen ... 269

Für Andreas

Kauf mich

Hallo! Sie sollten dieses Buch kaufen. Es wird Ihr Leben besser machen, ganz sicher. Vielleicht ist es Ihnen sogar empfohlen worden, auf Basis früherer Käufe oder weil Sie etwas gegoogelt haben. Vielleicht kennt Ihre Buchhändlerin Sie so gut, dass sie Ihnen das Buch direkt in die Hand gedrückt hat. Sie sollten ihr vertrauen.

Das bedeutet nämlich, dass Sie irgendwie auf der Suche sind. Nach Rat, nach Orientierung. Sie suchen den Weg, der Sie zum Glück, zum Erfolg oder zum Seelenfrieden führt. Oder zu allem gleichzeitig – warum so bescheiden sein? Zu einem neuen, besseren Leben mit einem neuen, besseren Ich. Wahrscheinlich würden Sie das niemals »Selbstoptimierung« nennen. Selbstoptimierung ist ein ganz schlimmes Wort.

Eigentlich geht es uns allen nur darum, dass das Leben besser sein könnte. Mir ja auch, auch wenn ich das nie zugeben würde. Während ich dieses Buch schrieb, kaufte ich unnützes Zeug in den falschen Läden ein, organisierte meine Zeit furchtbar ineffizient, vernachlässigte meine Freunde, meinen Körper, aktuelle Debatten und meinen Anteil an der Rettung des Planeten. Nicht, dass ich vollkommen gewissenlos wäre. Aber manchmal ist da so viel Leben zu leben, dass ich nicht weiß, wie ich dem Bild des *richtigen* Lebens auch noch gerecht werden soll. Es bleibt das schlechte Gewissen – ein grauenvolles Gefühl. *Wieder nicht gut genug gewesen.*

Einleitung

Selbstoptimierung klingt so wahnsinnig anstrengend. Nicht wie etwas, für das wir modernen Menschen ernsthaft noch Kapazitäten übrig hätten. Wir haben ja schon unseren Frühstückskaffee vom Esstisch getrennt und trinken ihn jetzt Zeitbudget-optimiert auf dem Weg ins Büro, wo wir das Geld verdienen, das wir brauchen, um uns anschließend die nötige Portion Erholung zu kaufen. »Ausgleich« nennen wir das.

Mit der Selbstoptimierung von Körper und Seele ist eine gigantische Produktwelt zum Kassenschlager geworden. Je abstruser die Idee, desto mehr Erfolg verspricht sie. Selbstoptimierung steckt in der Milchschnitte, die besonders proteinreich ist, oder im Snickers für den extra sportlichen Körper mit jedem Bissen. Selbstoptimierung steckt in der Meditations-App. Selbstoptimierung steckt in der Fitnessuhr mit Schrittzähler am Handgelenk, Selbstoptimierung steckt in Tees mit aromatischen Namen wie »Kraft tanken«, »Süße Verführung«, »Magenliebe« und »detox your feelings« – entgiften Sie Ihre Gefühle. Selbstoptimierung ist ein Versprechen guter Gefühle, und wir alle lieben gute Gefühle. Trotzdem startet der Tag nicht mit einem Blick in die Augen der Liebsten – erst mal Mails checken. Nicht schlecht, wenn man bedenkt, was die Onlinesuche nach dem optimalen Partner mal gekostet hat. Die einen bezahlen ihre Tinder-Dates mit Stunden verlorener Lebenszeit, die anderen zahlen im Abo für einen Algorithmus, der besser zu wissen verspricht als Sie selbst, wem Ihr Herz gehören sollte.

Ich habe dieses Buch geschrieben, weil ich überzeugt davon bin, dass wir nicht entkommen können. An dieser Tatsache wird dieses Buch also nichts ändern.
Wenn Sie entkommen wollen, lassen Sie das Buch fallen, rennen Sie aus dem Buchladen, werfen Sie draußen Ihr Handy weg und fahren Sie zum Flughafen. In Honduras gibt es Gegenden ohne Internet. Aber packen Sie sich Mückenspray ein, sonst wird das nichts mit dem optimalen Leben.

Wir müssen nicht ständig neue Ziele erreichen

Wenn Sie aber keine Lust haben auszusteigen: Leben Sie damit. Ein Entkommen ist in unserem Wirtschaftssystem nicht vorgesehen und unser Wirtschaftssystem wird sich mittelfristig nicht ändern. Deshalb bin ich der Selbstoptimierung auf den Grund gegangen. Was soll dieses Phänomen? Geht das wieder weg? Und muss ich da mitmachen?
Finden wir heraus, wie unsere Selbstoptimierungsökonomie funktioniert. Und dann treffen wir klügere Entscheidungen, um endlich Ruhe zu finden und vielleicht ein paar wirklich lohnenswerte Ziele zu erreichen. Aber damit das klappt, lautet die erste Regel: Wir müssen nicht ständig Ziele erreichen. Und wir müssen nicht ständig neue Methoden zur Selbstoptimierung ausprobieren, neue Produkte, Kurse oder Berater bezahlen. Auch wenn sie noch so verführerisch sind und uns noch so herrlich viel versprechen. Jeder will unsere letzte Rettung sein in einer Welt, für die wir nicht *genug* sind.
Die Welt ist nicht gegen Sie. Sie sollen nicht manipuliert werden, sondern nur verführt. Aber manchmal ist selbst das schon zu viel. Und auch gegen Verführung kann man sich wappnen.

Einleitung

Selbstoptimierung hat nämlich nichts mit »Mehr« zu tun. *Mehr* kaufen, *mehr* machen, *mehr* Tee trinken. Nichts davon. Es sei denn, Sie ersetzen mit dem Tee Ihre Frühstückscola, dann bitte trinken Sie mehr Tee. Den Rest können Sie sich schenken. Selbstoptimierung durch ein »Mehr« an irgendwas hat nichts mit wissenschaftlicher Optimierung zu tun. Sie ist Selbstbetrug. Wir brauchen mehr Weniger. *Weniger* Anforderungen, *weniger* To-dos, *weniger* Probleme und Krankheit, Stress und Belastungen. Wir müssen Schluss machen mit den übertriebenen Ansprüchen. Erst wenn weniger von außen kommt, haben wir mehr Energie für uns selbst.

Selbstoptimierung ist Selbstbetrug

Eines noch: Bitte legen Sie dieses Buch wieder weg, wenn Sie wissen wollen, wie Sie ohne Selbstoptimierung ein optimaleres Selbst finden. Mehr Karriere mit weniger Selbstoptimierung. Oder der schönere Körper mit schlechterer Ernährung. Wie so was geht, wollen zwar wirklich viele Leute wissen, das macht diesen Wunsch aber nicht sinnvoller. Und ich kann es Ihnen auch nicht sagen. Überhaupt werden wir uns mal mit unseren Wünschen auseinandersetzen müssen.

Woher sie kommen.

Von wem sie kommen.

Und wem sie nutzen.

Und jetzt gehen Sie bitte zur Kasse, laufen Sie nach Hause, schütten Sie die Cola in den Ausguss und machen Sie sich einen Tee. Wir treffen uns im ersten Kapitel.

Von Menschen

Das Problem sitzt immer vor dem Bildschirm

1 Die Suche nach dem wahren Ich führt ins Verderben

Was uns überfordert, wie wir es zu beheben versuchen und warum das schiefgehen muss. Unser Leben ist nur ein kleines Mosaiksteinchen in diesem großen, weiten Universum. Und alle gemeinsam ergeben wir eine Masse williger Konsumenten. Dabei wissen wir oft genug gar nicht, wonach wir eigentlich suchen. Big Data bietet es uns trotzdem an.

Verlockungen vor dem ersten Sonnenstrahl

Das Internet kennt mich zu gut. Nach 20 Jahren Beziehung weiß es genau, wie es mich kriegt. Und wenn ich von mir spreche, dann meine ich mein Geld. Und meine Lebenszeit, natürlich. Das Internet will nur mein Bestes.

Es ködert mich mit Versprechen von Liebe, Freundschaft, der Geborgenheit eines Chats und dem Endorphinschub nach einem lustigen Video. Und dank Big Data streut es noch Werbung für Sportschuhe, Kleider, Reisen und Fahrräder ein. Perfekt auf mich zugeschnitten: Ich liebe alles, was ich sehe. Nur Sportschuhe habe ich inzwischen wirklich genug – danke, Internet.

Und dann sind da noch die Heilsversprechen. Versprochen wird mir nicht weniger als der ganz große Hauptpreis im Leben: mein besseres Ich. Die Suche nach dem besseren Ich ist ein gigantischer Markt. Die Suche nach einem Ich, das all die guten Dinge verdient hat – emotional gesprochen, wirtschaftlich aber auch. Ein optimales Ich. Und natürlich: das richtige Ich. Das Ich, das ich wäre, wenn ich nicht irgendwann aus der Spur geraten wäre.

Eigentlich finde ich mich gar nicht mal schlecht, aber es geht vermutlich noch um einiges besser. Diese Frau, die beim Joggen regelmäßig von Schmetterlingen abgehängt wird, das bin *nicht wirklich ich*. Mein wirkliches Ich steht frühmorgens auf und hat beim Laufen dann Spaß. Das Internet weiß das natürlich. Und es verspricht mir das Blaue von einem wolkenverhangenen Himmel herunter, wenn ich nur diese Schuhe kaufe, diesen virtuellen Trainer engagiere und meine minderbemittelte innere Mitte zentriere. So einfach ist das.

Mehr Produktivität, mehr Gelassenheit und natürlich viel mehr Glück und Gesundheit gewinne ich dem Internet zufolge, wenn ich morgens um 5 Uhr in der Frühe aufstehe, 7 Minuten Sport mache, 15 Minuten meditiere und dann 30 Minuten lese. Und zwar auf Papier und keinesfalls Nachrichten. All das vor dem Frühstück und vor dem ersten Sonnenstrahl. Der Weg zur besten Version meines Selbst ist gepflastert mit Aufgaben, Anforderungen, Verlockungen, Regeln und Hashtags. *#morningrun*, weil man das ja morgens so macht und weil der Hashtag eine Routine suggeriert. Und jeder Tag beginnt mit einer neuen Liste mit sieben Dingen, die glückliche Menschen jeden Morgen tun. Ich hingegen putze mir jeden Morgen die Zähne und ziehe Kleidung an – damit bin ich komplett ausgelastet. Aber wo ist der Hashtag *#morgenszähnegeputzt*? Wo ist *#successfullydressedinmyworkingpajama*? Die kleinen Erfolge des Alltags, die feiert wieder keiner.

Wenn Instagram recht hat, machen sich glückliche Menschen morgens eine Schale Açaíjoghurt mit Sternchenbananen und ebenso exotischen wie wirkungsfreien Körnern. Dazu gibt es einen Smoothie, gleich mit Rabatt-Code für noch mehr Produkte für den perfekten Start in den Tag. Glückliche Menschen bekommen viele Rabatt-Codes und fangen entweder ganz schön spät mit ihrer Arbeit an – oder sie schlafen echt wenig.

Warum ist besser sein so anstrengend?

Und das soll mein Leben besser machen?

Nicht mit mir. Natürlich wollen wir besser sein. Ich will

auch gern besser sein. Ich frage mich nur, warum das so verdammt anstrengend sein soll. Und warum es schon so früh am Morgen stattfinden muss. »Besser« bedeutet in unserer Gesellschaft in der Regel »Schaff mal mehr!«. Und mit »mehr« meinen wir: die Arbeit, die Hausarbeit, den Konsum. Moderne Übermenschen haben alles im Griff, nehmen sich, was sie wollen, schaffen, was sie müssen, und machen noch das kleine bisschen Mehr, damit alles perfekt aussieht. Wir nennen es Optimierung, aber in Wahrheit ist es eine Materialschlacht. Und das Material sind wir selbst. Unser Körper, unsere Energie, unser Seelenfrieden.

Ich finde Konsum noch nicht einmal schlecht. Es gibt einen Grund, warum mir in Werbeanzeigen Sportschuhe, Kleider, Reisen und Fahrräder gezeigt werden. Ich mag diese Dinge. Das Internet weiß, dass ich sie gern mag. Ich hätte sogar gern noch ein Fahrrad mehr – in Berlin sollte man immer ein oder zwei als Reserve halten. Auch das weiß das Internet, da bin ich mir sicher.

Das Internet könnte mich zum perfekten Menschen machen, jedenfalls behauptet es das. All die Instrumente und Methoden sind schon da, ich müsste nur ein wenig investieren: Zeit, Geld, Morgenstunden, Sie wissen schon. Und was ich nie für ein Thema gehalten habe, ist plötzlich eine gigantische neue Welt aus Produkten und Dienstleistungen geworden.

Die Selbstoptimierung.

Ich bekomme Lösungen für Probleme, die ich noch nie hatte, und Lösungen für Probleme, die ich vielleicht habe – die mir aber nie als Problem erschienen waren.

Selbstoptimierung ist der Versuch, dem Leben gerecht zu werden, auf alles vorbereitet zu sein. Und sie ist allgegenwärtiger, als ich dachte. Wir nennen es nicht so. Aber wir tun es alle. Optimierung ist längst zum Teil unserer Identität geworden. Das ist manchmal gut, wenn wir unser Streben gezielt einsetzen und sorgsam dosieren. Es kann aber auch problematisch sein. Nämlich immer dann, wenn die Selbstoptimierung uns mehr kostet, als sie bringt. Da kann man den Begriff der »Optimierung« schon mal hinterfragen. Aus diesem Gedanken ist dieses Buch entstanden.

Optimierung verspricht uns eigentlich ein »Weniger«.

Verkauft wird uns aber ein »Mehr«. Und am Ende des Tages kennen wir alle Details der neuen Methode zum besseren Leben. Nur uns selbst, uns kennen wir nicht mehr. Wir haben uns erfolgreich verdrängt.

Ein teures Beispiel: Coaching. Liegt voll im Trend. Ich wollte das auch mal machen, nach meiner Arbeit an meinem letzten Buch »Die Entdeckung des Glücks«.[1] Ich hatte gerade ein Jahr damit verbracht zu erklären, wie wir mit kleinen Veränderungen im Berufsleben glücklicher werden. Und wieso solche kleinen Veränderungen wirksamer sind als große, anstrengende, teure. »Grandioses Thema fürs Coaching!«, befanden 100 Prozent meiner Freunde.

Nachdem ich mich intensiv mit Coaching-Ausbildungen auseinandergesetzt hatte (um mich selbst ein bisschen optimaler auszubilden und dann andere zu optimieren), bekam ich im Facebook-Newsfeed eine Werbeanzeige für einen Coach, der Coaches coacht. Kein Scherz! Coaching ist auch Selbstoptimierung. Nur halt in besonders teuer. Trotzdem ist es ein gigantischer Trend geworden. Alle reden darüber! Warum? Weil es zu viele Coaches gibt. Ich kenne mehr Menschen mit Coaching-Zertifikat als Menschen, die mal gecoacht wurden. Wenn das kein Trend wäre, die Leute wären alle so arbeitslos wie vor ihrer Ausbildung.

Das Internet weiß einfach, was wir brauchen. Hinter diesem Wissen stecken große Datenbanken. Sie merken sich jeden Klick, sie merken sich sogar, ob wir länger auf einen Beitrag schauen, wie weit wir einen Text lesen, wer unsere Freunde sind und wo wir gern essen gehen. Sie kennen alle unsere Schwächen und sie wissen, was wir für unsere Schwächen halten. Sie wissen, wo sie angreifen müssen. Als »Datenkraken« verteufeln wir die Unternehmen, die alles einsammeln. Dabei verraten wir ihnen unsere Geheimnisse freiwillig. Ein Reiseunternehmen verwendet meine Daten nicht gegen mich, wenn es mir verlockende Bilder eines Ortes anzeigt, an den ich gern reisen würde. Der Konzern hasst mich ja nicht. Er mag mich. Er will ein paar Sachen mit mir unternehmen und er ist überzeugt davon, dass ich den Spaß meines Lebens hätte. Er zeigt mir, was ich sehen will. Und damit folgt er seinem Unternehmenszweck: mein Geld einzusammeln, indem er mir Glück verspricht. Das finden Sie zu idealistisch? In Kapitel 6 reden wir genauer darüber. Und ja, es gibt Einschränkungen. Aber bleiben wir mal bei der Idee.

Wer als Kind Limonade verkauft hat, der tat das auch eher an heißen Tagen am Rande der beliebten Laufstrecke. Im Winter bei Feierabend vor dem Firmenausgang wäre der Erfolg möglicherweise begrenzt gewesen, denn die Limonade hat an einem kalten Tag und kurz vor dem Heimweg keinen Wert für uns. Im Sommer kann sie die Welt bedeuten. Gerettet. Und eine Werbeanzeige mit Strandfoto kommt genau zur richtigen Zeit, wenn wir sie kurz nach dem Mittagessen in unserem Smartphone sehen. Wenn der Arbeitstag noch nicht einmal halb rum ist und der nächste Urlaub noch so wahnsinnig fern.

Gute Werbung verspricht immer Rettung

So ist Konsum auch immer etwas Emotionales: Gut gemacht zeigt uns die Werbung genau das, was wir gerade brauchen. Deshalb sehen wir bei Fußballspielen Werbung für Bier und während der »Rosenheim-Cops« Spots für Hämorrhoiden-Cremes. Je nach Lebenslage können diese Dinge unser Leben verdammt viel besser machen – obwohl ich überzeugt bin, dass vielen Fußballfans mit der Hämorrhoiden-Creme besser gedient wäre und die Rosenheim-Cops nach zwei Bier viel lustiger sind.

Übrigens musste ich googeln, wie man Hämorrhoiden-Creme schreibt, und ich bin mir sicher, das Internet wird es mich monatelang bereuen lassen.

Wer sich selbst sucht, der übersieht sich

Selbstoptimierung. Was für ein Wort. Meine Freundin Emma war es, die dieses Konzept in mein Leben brachte, das ist schon ein paar Jahre her. Emma ist Mitte 30 (war sie damals natürlich noch nicht), hat eine Tochter (hatte sie damals noch nicht), ein Herz für den Planeten (hat sie schon länger) und eine fragwürdige, aber äußerst einträgliche Arbeitseinstellung: Viel hilft viel. Emma ist in meinem Freundeskreis die mit dem Geld, die, die nie Zeit hat, und die, die trotzdem jeden Morgen Yoga macht. Natürlich. Ich bin ein bisschen neidisch, aber ich habe auch wirklich gern frei. Krasser Zielkonflikt.

Emma entdeckte eines schönen Sommertages das Thema »Quantified Self«. Das Ich quantifiziert, also in Zahlen gefasst. Es geht dabei um Menschen, die sich selbst vermessen. Einen Schrittzähler haben heute viele, Pulsuhren sieht man auch immer öfter, bei Schlaftrackern ist vielleicht noch Luft nach oben.

Im »Quantified Self« sind diese Daten nur die Basis. Selbstvermessern geht es darum, sich selbst gut kennenzulernen. Sie wollen wissen, wie viel Zeit sie am Tag auf Facebook verbringen, auf der Toilette, beim Lesen oder in der Bahn. So entdecken sie Ineffizienzen. Vergeudete Lebenszeit, die sie anderswo besser einsetzen können.

Ich war irritiert, unsere gemeinsame Freundin Judith vollkommen fasziniert. Judith ist die weltbeste Katastrophen-Bändigerin. Ich kenne niemanden, der das alltägliche Chaos besser im Griff hat als sie. Judith wollte organisierter werden, ordentlicher, sich gesünder ernähren und so weiter. Quantified Self schien ihr also eine gute Idee. Daten sammeln, um sich selbst zu optimieren, täglich auswerten, sich selbst verantwortlich halten.

Etwa drei Tage lang wertete sie an jedem Abend ihre Tagesleistung aus, sammelte dann noch gut zwei Wochen lang weiter – und erkannte schließlich, dass eine Liste mit Informationen keinen anderen Menschen aus ihr macht. »Und im Übrigen mag ich mich«, verkündete sie stattdessen. »So!«

So.

Man muss Judith nicht verbessern. Man muss Emma nicht verbessern. Ich würde weniger Arbeit und mehr Freizeit für optimal halten – Emma aber nicht.

Vielleicht sollte ich mich verbessern. Mehr arbeiten und seltener pleite sein als Emma? Mehr Mut zum Chaos und dann kreativer sein als Judith?

Niemand will besser sein wollen

Ich könnte eigentlich alles Mögliche sein.

Und gerade als ich noch dachte, ich fände schon den Begriff Selbstoptimierung ziemlich gaga, war ich schon mittendrin. Niemand will gern besser sein wollen. Selbstliebe heißt die Losung unserer Zeit: Wir finden uns gut. Dumm nur: Dann gibt's doch wieder was, was man verbessern kann. Sogar die Selbstliebe hat ein Optimierungspotenzial. Es passiert von ganz allein.

»Schau mal«, sagt das Internet, »diese Reisebloggerin, das könntest du sein«.

»Geh weg, Internet«, sage ich.

Sage ich natürlich nicht. Ich scrolle ihren ganzen Feed durch, vorsichtig, um nicht versehentlich ihren Tausenden Likes auch nur ein weiteres hinzuzufügen, und fühle mich elend, weil ich nicht dünner bin als sie und nicht auf Curaçao am Strand. Sondern in Berlin. Wo es regnet.

Und damit ist es ja noch nicht einmal getan. Level eins: so sein wie diese coole Reisebloggerin auf Curaçao.

Aber dass wir nicht ständig die Besten sein müssen, das haben wir in unserem Hinterkopf ja schon drin. Sie ist auf Curaçao, okay. Aber ich kann ohne Messbecher Pfannkuchen backen. Außerdem könnte ich alles Mögliche sein, wie gesagt. Nur halt nicht alles gleichzeitig.

Wobei.

Vielleicht ja doch. Ein bisschen mehr wäre vermutlich wirklich drin.

Und schon bin ich bei Level zwei der Selbstoptimierung: besser sein als das Ich von gestern. Und hier wird es gefährlich. Denn dieses »Besser« ist wie eine Yucca-Palme im Wohnzimmer. Größer geht immer.

Der Grundgedanke der Unzufriedenheit: Ich, das ist eigentlich jemand anderes. Ich lebe nicht so, wie ich wirklich bin. Ich bleibe hinter meinen Möglichkeiten zurück. Ich lebe meine Bedürfnisse nicht aus. Und dann: Ich muss mich selbst finden. Und wenn ich mich gefunden habe, dann bleibe ich für immer genau so, denn dieses Ich, das muss ja etwas Stabiles sein. Etwas Verlässliches: Hier stehe ich, so bin ich, so bleibe ich. Deshalb muss dieses Ich auch gar nicht perfekt sein. Nur stabil soll es sein. Dieses richtige Ich, das muss jemand sein, auf den ich mich immer verlassen kann.

Ich, das ist eigentlich jemand anderes

Bei dieser Suche ignorieren wir vollkommen, dass wir

immer nur in unserem Kontext funktionieren. Ohne soziale Anerkennung gibt es kein stabiles Ich. Ohne stabile Lebensumstände und soziales Umfeld existiert deshalb auch kein stabiles Ich. Und wann im Leben sind die Umstände dieses Lebens schon stabil? Das kommt nicht vor. Das Ich findet deshalb viel weniger in uns selbst statt, als wir uns das vorstellen. Darum tut es uns so gut, wenn wir uns trennen, ob von Freunden oder vom Partner, und deshalb ist die Veränderung des Ichs so anstrengend, wenn sie auf Basis einer Idee oder eines Produkts erfolgen soll. In einem neuen sozialen Umfeld können wir neue Ichs ausprobieren und uns einmal neu kennenlernen. Eine neue Meditations-App mag etwas ändern – aber sie macht uns nicht zu neuen Menschen, egal, wie gepriesen sie ist.

Die Suche nach dem echten Ich ist eigentlich die Suche nach einem Ich, das wir lieber mögen. Ein idealisiertes Ich – das oft nur unter großer Anstrengung aufrechterhalten werden kann und das deshalb instabiler ist als alle anderen Ichs zusammen. Deshalb muss die Suche nach dem wahren Ich ins Verderben führen. Viel einfacher wäre es doch, uns so zu mögen, wie wir sind.

Das klingt ein bisschen nach Kapitulation, oder? Wo kämen wir denn hin, wenn niemand mehr Ziele hätte? Uns selbst zu mögen wäre die einfachste Lösung – doch auch sie ist so verdammt instabil. Weil uns ständig eine bessere Version versprochen wird und wir immer wieder darauf hereinfallen.

Verstehen Sie mich nicht falsch, ich will nicht sagen, dass es falsch wäre, sich gesund zu ernähren, regelmäßig

Sport zu treiben, am eigenen Schlafrhythmus zu arbeiten. All diese Dinge sind vernünftig. Das Streben nach Mehr brachte uns Computer, Fantasy-Romane, Smartphones, Impfstoffe. Alles in Ordnung! Streben wir weiter!

Kritisch wird es, wenn die Suche nach dem perfekten Ich Sie unglücklich macht. Denn dann schadet sie Ihnen. Wenn Sie Dinge tun, die Ihnen nicht guttun. Wenn Sie Dinge nicht tun, die Ihnen guttäten. Vielleicht, weil Sie nach etwas streben, das Sie gar nicht wirklich sein wollen, was Sie aber gar nicht bemerken. Es geht nicht darum, weniger zu streben. Es geht darum, die eigene Handlungsmotivation zu klären. Wir müssen wissen, was wir wollen. Und wir müssen erkennen, warum wir es wollen. Viel zu oft stehen wir vor einem Ideal, das zwar nicht passt, aber gut aussieht. Und wenn wir etwas wollen, weil wir überzeugt sind, dass wir es wollen sollten, oder weil wir fest daran glauben, dass andere es von uns wollen, dann sollten wir uns mal fragen, ob wir das eigentlich wirklich wollen wollen.

Perfekt sein ist dabei sogar ein bisschen out. Wir sollen uns unperfekt mögen, aber – Entschuldigung – was heißt hier unperfekt? Charmante Fehler sollen wir haben, wie den Abend vor dem Fernseher, das Bier nach Feierabend und allgemein alles, was man sich »mal gönnt«, als sei das so etwas Besonderes: zu tun, wonach einem gerade ist. #Selfcare.

In diesem Zusammenhang sind die Geschichten der Studien-Abbrecher cool geworden, der Leute mit Brüchen im Lebenslauf und Erfahrung im Scheitern. Mein erstes Masterstudium schoss ich noch im ersten Semester in den

Wind. Ich hatte gerade meine Bachelorarbeit über das Eigentumsrecht an Daten abgegeben und mir vorgenommen, den Master in drei Semestern statt vier abzuschließen. Dahinter stand eine komplizierte Rechnung, die mich mit 23 den Master in der Tasche hätte haben lassen und nach zwei Jahren Ausbildung kurz vor meinem 25. Geburtstag den Redakteursvertrag. Was man halt so für Ideen hat, wenn man mit Anfang 20 merkt, dass die Lebenszeit zur Neige geht und man möglichst viel Karriere in möglichst wenige Jahre quetschen muss.

In der Mitte des Semesters war klar: So macht's keinen Spaß. Weder strukturell noch fachlich wurde ich glücklich. Ich verbrachte die nächsten Wochen mit Büchern und Computerspielen – man gönnt sich ja sonst nichts. Es war dummerweise Winter. Wenn Sie mal ein Studium abbrechen, tun Sie das im Sommersemester.

Damals galt ich noch als eine große Katastrophe. Eine Abbrecherin. Um Himmels willen. Gescheitert. Ich genoss diese Zeit sehr, schließlich war ich die Einzige, die nicht unfassbar viel zu tun hatte, sieht man von der Jagd nach virtuellen Zauberschwertern einmal ab. Endlich Ruhe.

Leben heißt Stillstand

Heute können Sie die freie Zeit im Lebenslauf unter Selbstverwirklichung verbuchen. Geschichten gescheiterter Menschen – die später natürlich alle super erfolgreich wurden, indem sie große Konzerne gründeten, in denen lauter Leute arbeiteten, die nie irgendwas abgebrochen haben – geben uns das Gefühl, dass wir es noch schaffen können. Jetzt wäre es noch nicht zu spät, um ein Unternehmen in einer Garage zu gründen. Das macht Hoffnung.

Also, das würde es. Aber ich kann mir in Berlin natürlich gar keine Garage leisten.

»Leben heißt sich verändern«, so sagte es vor vielen Jahren John Henry Kardinal Newman. Das Zitat geht weiter: »Vollkommen sein heißt, sich oft verändert zu haben.«

Ich behaupte das Gegenteil. Leben heißt Stillstand. Leben bedeutet innezuhalten und zu beobachten, was passiert. Einzutauchen. Mitzumachen. Einen Augenblick lang nicht hinterfragen, kritisieren, neu planen. Vollkommenheit ist nur ein Augenblick der Ruhe, in dem uns gefällt, was wir vorfinden. Das ist das wahre Leben. Weil wir nur dann wahrnehmen, was ist, anstatt über das zu grübeln, was sein könnte, danach streben und darum kämpfen. Veränderung ist großartig, sie macht uns besser, härter, sogar glücklicher. Wir leben in einer Zeit ständiger Veränderung und ebenso ständig passen wir uns an das Neue an. Das kriegen wir auch hin.

Aber das gute Leben ist manchmal einfach das, was zwischendurch passiert.

Der Konsument ist tot

Nicht nur wir Menschen haben uns verändert. Auch die Produktwelt hat es. Im Wirtschaftsstudium lernt man das sehr früh: Wenn dein Produkt sich nicht mehr verkauft – entwirf ein neues. Im Idealfall löst dein Produkt ein Problem, dann kaufen die Menschen es auch. In früheren Zeiten brachte uns dieser Grundgedanke das Rad, den Buchdruck, die Eisenbahn, den mobilen Computer und die Zahnseide.

Irgendwann wurden wir Menschen aber ziemlich problemlos. Wir hatten alles. Der Club of Rome veröffentlichte im Jahr 1972 den Bericht »Die Grenzen des Wachstums«, in dem man lesen kann: »Wenn die gegenwärtige Zunahme der Weltbevölkerung, der Industrialisierung, der Umweltverschmutzung, der Nahrungsmittelproduktion und der Ausbeutung von natürlichen Rohstoffen unverändert anhält, werden die absoluten Wachstumsgrenzen auf der Erde im Laufe der nächsten hundert Jahre erreicht.«

Mussten Sie auch gerade lachen?

Sieht ja eher nicht danach aus. Aus damaliger Perspektive hatte das Expertengremium natürlich vollkommen recht – sie hatten nur nicht mit dem Erfindungsreichtum der Menschen gerechnet. Das Wachstum sollte damals begrenzt sein durch Rohstoffe, Bodenertrag und Umweltzerstörung. Bestenfalls ein Gleichgewichtszustand könne erreicht werden, wenn wir denn diszipliniert wirtschaften. Spoiler: Tun wir nicht.

Diese Faktoren bleiben zweifellos wichtig. Doch Konsum funktioniert heutzutage anders. Denn was macht der Produktdesigner, wenn ihm die Rohstoffe ausgehen? Er plant einfach ohne sie. Wer ein besserer Mensch werden will, der muss dafür nicht den Planeten zerstören. Er kann sein Geld auch einfach in digitale Produkte stecken. Und das in einem Ausmaß, bei dem derzeit noch keine Grenze vorstellbar scheint.

Online-Yoga-Kurse? Virtuelle Haustiere für Menschen mit Katzenhaar-Allergie? Foto-Bearbeitungsprogramme zum Verschönern der Urlaubserinnerungen?

Wir Menschen müssen zu den Produkten und Artikeln

im Netz nur noch die richtigen Probleme liefern. Wollen Sie ein Unternehmen gründen und sehr reich werden? Genau diese Erkenntnis ist Ihr Geschäftsmodell. Die Menschen wissen doch gar nicht, was sie brauchen, bevor sie sehen, was es alles gibt. Sie ahnen gar nicht, welche Fehler Sie haben, bevor Sie sehen, wie toll Sie sein könnten.

Wir sind nicht die Kunden

Zum wichtigsten Werbeträger für alle, die unser Leben besser machen wollen und dabei doch nur an ihre eigenen Zahlen denken, sind in den vergangenen Jahren die sozialen Netzwerke geworden. Sie verstanden als Erste, wie nützlich die Verbindung aus Emotion, individuell zugeschnittener Werbung und dem Anreiz, Zeit auf einer Plattform zu verbringen, ist. Den Anreiz bieten uns unsere Freunde. Wo sie sind, da gehen wir auch hin, Netzwerkeffekte nennen die Ökonomen das. Deshalb waren früher ganze Cliquen beim gleichen Telefonanbieter, und deshalb wuchs erst StudiVZ, später Facebook und nun Snapchat, und deshalb sind diese Plattformen dem Tode geweiht, sobald die coolen Leute keine Lust mehr auf sie haben. Als US-Promi Kylie Jenner Anfang 2018 über das neue Design von Snapchat lästerte, verlor das Unternehmen binnen Stunden eine Milliarde US-Dollar an Börsenwert. Der Glaube versetzt Geldberge.

Bedeutsame Interaktionen mit unseren Freunden, das versprechen uns die Chefs der großen Internet-Konzerne, in diesem Fall: Mark Zuckerberg, der Chef von Facebook. Und Zuckerberg muss an seine Kunden denken, er führt ja schließlich ein Wirtschaftsunternehmen, keinen Staat, keine Sozialversicherung, nicht die Heilsarmee und nicht den örtlichen Flitzebogenclub. Ein börsennotiertes Unternehmen mit Mitarbeitern, Anteilseignern und Kunden. »Wir wollen dafür sorgen, dass Zeit auf Facebook gut verbrachte Zeit ist«, kündigte er an. Klingt toll? Klar. Und macht sein Unternehmen für Werbebudgets noch attraktiver.

Facebooks Kunden sind nicht wir. Facebooks Kunden sind die werbetreibenden Konzerne. Wir sind die Ware. Unsere Daten, unsere Zeit, unser Geld. Die Zeit der Konsumenten ist vorbei, es kommt die Zeit der Businesspartner.

Dabei ist für die meisten von uns (also: Menschen) das »Oh wow, hast du schon gesehen«-Video, unter dem irgendein alter Uni-Freund uns markiert hat, eher nicht das, was wir unter gut verbrachter Zeit verstehen. Zu der »gut verbrachten Zeit« verabreden wir uns im Netz, dafür ist es perfekt. Stattfinden tut sie dann aber in der physischen Welt. Sie wird umso bedeutsamer, wenn wir die digitale dabei außen vor lassen.

Wir sind die Ware

Wir lästern verdammt gern über »diese Leute, die ständig auf ihr Smartphone starren«. Das Problem: Es gibt fast keine Ausnahmen mehr. Ich bin auch keine, und trotzdem reagiere ich bei anderen schwer allergisch darauf. Das Smartphone ist einfach ein gelungenes Produkt. Bei der Entwicklung hat man an uns Menschen gedacht: Wir wollten mobil telefonieren, bequem navigieren, schriftlich kommunizieren und Fragen auch unterwegs per Suche klären. Die Sache eskalierte irgendwo zwischen der Aquariums-App und Farmville. Plötzlich ging es nicht mehr um uns. Es ging um unsere Aufmerksamkeit.

Früher gaben wir Geld und bekamen dafür ein Produkt, das unser Leben vereinfachte. Heute geben wir Daten oder Geld (oft genug: beides) und bekommen dafür: Zeitvertreib. Und am Ende stehen wir da und fragen uns, wo die Zeit geblieben ist.

Bei allen Versprechen von Bedeutsamkeit und gut verbrachter Zeit, am Ende verdienen Internetkonzerne dann Geld, wenn wir auf ihren Plattformen unterwegs sind. Das sind wir dann, wenn sie uns immer wieder reizen. Und das tun sie. Sie werden darin jeden Tag besser.

Viele Plattformen funktionieren so wie ein Becher Eis nach einem beschissenen Tag: Wir essen und essen und scrollen und scrollen und hoffen, dass das gute Gefühl kommt, aber es kommt nicht, und am Ende sitzen wir unglücklich auf dem Klo und scrollen weiter. So funktionieren Smartphones wie digitale Werbeprospekte, die wir ständig mit uns herumtragen und von denen wir die Finger nicht lassen können, denn die Benachrichtigung könnte ja auch von einem Freund stammen, nur kurz schauen, es könnte wichtig sein – *ich* könnte wichtig sein. Es ist die ganz große Zeit der Aufmerksamkeitsökonomie. Irgendwann muss doch irgendetwas kommen, das uns dieses gute Gefühl gibt. Es kommt auch manchmal. Nur haben wir davon nichts gewonnen, wir haben etwas gegeben. Unser menschliches Wohlbefinden spielt eine untergeordnete Rolle.

Unternehmen optimieren sich ganz genau wie wir uns selbst. Auch sie wollen besser werden. Sie verdienen dann am meisten Geld, wenn sie genau wissen, was wir brauchen, wann wir es brauchen, wie viel wir bereit sind, dafür zu zahlen – und wann wir gesättigt sind und eine neue Optimierungsdroge brauchen. Es ist ein Kreislauf, und zwar ein ziemlich teurer. Selbstoptimierung ist ein gigantischer Markt. Allein in den USA wird dieser Markt mit 9,9 Milliarden US-Dollar beziffert, bei einem Wachstum von etwa 5,6 Prozent pro Jahr.[2]

Der Markt für ein gutes Leben funktioniert am besten, wenn die Unternehmen möglichst viel von uns wissen. Mit diesen Daten gehen sie ihrem Lebenszweck nach: Geld verdienen. Geld verdienen die meisten Unternehmen dann, wenn wir es ausgeben, und wir geben es aus, wenn ihre Produkte gut sind und wir sie auch sehen. Und hier entsteht der Zielkonflikt.

Je besser die Unternehmen darin werden, uns glücklich zu machen, desto unglücklicher können sie uns machen. Denn wir sind überfordert angesichts all der Produkte, die uns vorgaukeln, dass es uns mit ihnen immer noch ein wenig besser gehen könnte. Und all der Konsum, all die Lebenskonzepte – sie dienen uns immer nur kurzfristig. Es folgt: das schlechte Gewissen. Denn die Kleider wollen getragen werden, die Bücher gelesen und die Meditations-App will angeklickt werden. Grätscht das Leben dazwischen, haben wir wieder einmal versagt. Ich habe schon viel Zeit damit verbracht, Sport-Apps durchzuscrollen und nach einem Programm zu suchen, das ich vom Sofa aus auf dem Rücken liegend machen kann. Das passende Gefühl dazu: Da muss es doch noch etwas Besseres geben. Etwas, das für mich funktioniert und das ich durchhalte. Das Konzept, die Idee, das Produkt, vermutlich ist es in der Welt oder wird morgen früh verkündet – ich kenne es nur noch nicht.

Unser Glück ist nicht das Ziel

»Probier mal das hier«, sagt das Internet.

»Hast du mir vor zwei Monaten schon empfohlen«, sage ich.

»Diese sieben Tricks sind völlig neu und in einer Studie mit zwölf Erstsemester-Studenten als bahnbrechend erfolgreich belegt«, sagt das Internet.

Ich werfe dem Internet meine Lebenszeit vor die Füße, klicke und versinke im Artikel. Lieber nicht nachrechnen, was ich in der Zeit hätte verdienen können. Ich schaue missmutig in meinen Tagesablauf und suche nach Nischen für die sieben bahnbrechenden Tricks, die die zwölf Erstis zu besseren Menschen gemacht haben.

Sieht schlecht aus.

Selbstoptimierung, so wie sie uns verkauft wird, ist Betrug. Sie füllt unsere Köpfe, leert unsere Konten, beschäftigt unsere Körper und raubt uns unseren Schlaf. Wenn es uns nicht gut geht, suchten und suchen wir nach mehr. Wenn wir das Selbstoptimierung nennen, dann liegt dem ein grandioses Missverständnis zugrunde. Es ist zu viel. Und deshalb schadet es uns. Statt uns besser zu machen, beuten wir uns aus und halten das auch noch für eine gute Idee.

Selbstbetrug in Endlosschleife

Wer einen Prozess optimiert, der nutzt minimale Ressourcen, um sein Ziel zu erreichen. Deshalb nennt man es ja Optimierung. Wir modernen Denkarbeiter wissen das natürlich, probieren an uns selbst aber trotzdem lieber das Gegenteil: Eine neue Methode, ein neues Konzept und eine neue Morgenroutine nachts um 5 sollen endlich das ersehnte Selbst hervorlocken, mit immer größeren Ansprüchen und sieben kleinen Gewohnheiten fürs große Glück. Wir setzen uns hohe Ziele und fallen tief. Wieder versagt. Ein neues Produkt, eine neue Methode, irgendwas muss doch helfen. Es ist ein ewiger Kreislauf aus Forderungen, To-do-Listen und Routinen, die gut gemeint sind, aber doch niemals echte Routinen werden, gefolgt von dem diffusen Gefühl, dass wir das ja eigentlich gar nicht nötig haben – aber hey, dieser eine Versuch noch. Selbstoptimierung ist Selbstbetrug in Endlosschleife.

Warum tun wir uns das an?

Unser Streben nach Optimierung resultiert auch aus den Vergleichen. Wir sehen Besseres. Bessere andere Menschen – die, die morgens um fünf Uhr aufstehen und direkt Sport machen – und diese Produkte, die unser Leben besser machen. Strebten wir früher schon nach Optimierung? Möglicherweise. Aber zwei Aspekte entscheiden über unser Optimierungsbedürfnis:

1. wie stark das Streben unseres Umfelds nach Konformität ist und
2. wie gut und auf welchem Raum wir uns vergleichen können.

Lebten wir in abgeschiedenen Dörfern, wäre der Vergleich mit dem Nachbarn wenig sinnvoll. Als Gänsehirtin müsste ich meine Leistung nicht mit der der Bäckersfrau vergleichen. Ganz im Gegenteil: Wer von der Norm abwich – nach oben oder unten –, der galt als verdächtig. Man strebte bestenfalls nach einem weiteren Schwein. Doch im Großen und Ganzen war so eine Dorfgemeinschaft ein recht ausgeglichenes Gebilde. Der Bäcker, der Schmied, der Gerber, sie alle bauten ihre Häuser, und je ähnlicher sich das alles war, desto friedlicher war's im Ort. Klingt eintönig, hat aber eine starke soziale Funktion: Eine gewisse Gleichheit gibt uns ein Gruppengefühl und in der Gruppe fühlen wir uns wohler als allein, sagt die Soziologie. Cowboys gegen Indianer. Terroristen gegen Counter-Terroristen. Jungs gegen Mädchen. Als Teil der Gruppe fühlen wir uns besser, wir optimieren uns also erst einmal zur Mitte hin: Alle anderen sind so gut, so gut will ich auch sein. Einzelne, die nach Exzellenz streben, die gab es schon immer. Aber die meisten haben einfach nur Angst, nach unten abzuweichen. Schlechter zu sein. Versager.

Früher optimierte man sich zur Mitte

Veränderungen können bedrohlich wirken, wenn die Norm das Optimum ist. Es entsteht – bei einigen – eine Angst vor neuen Normen. Dabei sind die meisten Trends eher kurzfristiger Natur und kommen niemals auch nur in die Nähe davon, ein neues »Normal« zu sein. Ein gutes Beispiel dafür kennen Sie vielleicht aus dem Bekanntenkreis oder der Familie: Jemand kam vor zwei, drei Jahren mit der ersten Smartwatch um die Ecke und gleich hieß es: »So was braucht man doch nicht.« Stimmt – Smartwatches braucht kein Mensch. Einige Leute haben sie, andere nicht. Ziemlich viele Menschen haben eine und tragen sie nicht. Was das Produkt nie ausgelöst hat: einen Zwang für alle. Andere Beispiele: Staubsaugerroboter (»So viel Zeit hat man doch«), eine Mitgliedschaft im Sportstudio (»Aber du kannst doch auch spazieren gehen«) oder Wäschetrockner (»Die Wäsche trocknet auch an der frischen Luft«). Der eine hat schon, der andere will nicht, der dritte hat Sorge, auch bald zu müssen. Menschen sind vorsichtig, wenn es um Neuerungen geht, sie kosten uns Zeit und Geld und vielleicht überfordern sie uns auch. Dahinter steckt immer die Sorge: »Müssen wir bald alle?«

Völlig irreal ist der Gedanke ja nicht. In anderen Lebensbereichen ist der optimierte Mensch zur Norm geworden. Er studierte und verließ für den perfekten Job seine Heimat, war bereit zu reisen, ohne Rücksicht auf Verluste und Familie. Und ja, das wurde eine neue Norm. Hoffen wir alle, dass sie bald wieder vorbei ist. Unsere heutige Selbstoptimierung ist eine Folge dieses mobileren Arbeitsmarkts. Früher gab es im Dorf einen Schmied, zu dem ging man. War der Schmied ein Idiot, musste man die Hufeisen trotzdem von ihm machen lassen. Wollte der Sohn des Schmieds selbst Schmied werden, war das keine große Sache: Er wurde es einfach. Wollte er nicht, musste er trotzdem, Pech für den Sohn. Kam ein anderer Schmied vorbei, hat man den wieder verjagt – oder ihn in die Zunft aufgenommen, wo er sich aber zu benehmen hatte, und mit Benehmen ist Anpassung gemeint.

Im Netz, an der Uni, im Büro oder auf der Straße sehe ich jede Menge Menschen, die mir irgendwie ähnlich sind – und potenziell besser als ich. Sie alle könnten meinen Job machen. Sie könnten auch Ihren Job machen, selbst wenn sie dafür umziehen müssten. Wenn Sie nur der zweitbeste Bewerber sind, dann holt man den besten halt in die Stadt. Wir tun also gut daran, immer die besten zu sein. Das wollen alle anderen natürlich auch. Wir optimieren unsere Reiseziele, streiten um das härteste Leben und die effektivste Bewältigungsstrategie, wer Kinder hat, kann direkt den Kriegszustand verkünden – gegen andere Eltern und natürlich gegen Kinderlose, die ja noch gar nicht wissen, was wirklich hart ist. Kennen Sie diese Menschen, die immer noch einen drauflegen, wenn Sie eine anstrengende Woche hatten? Als gäbe es etwas zu gewinnen. Sogar das Leid ist zu etwas geworden, das manche optimieren wollen. Schließlich gibt es wirklich etwas zu gewinnen: Selbstbestätigung. Jeder wäre gern der härteste Balken im brennenden Holzhaus.

Auch um die Entspannung ist ein Wettkampf entbrannt – *#qualitytime*. Gemeint ist die gute Zeit. So etwas wie: Ferien. Egal, ob von der Arbeit oder vom Alltag. Ein guter Moment. Diese guten Momente sind heute leider ziemlich anspruchsvoll geworden, denn *#qualitytime* ist dann besonders wertvoll, wenn sie in einem optisch perfekt inszenierten Instagram-Bild festgehalten wird – und möglichst viele Menschen das dann sehen und mit »Gefällt mir« markieren. Das ist ein bisschen wie der Baum im Wald: Wenn er umfällt, aber niemand etwas hört, hat er dann ein Geräusch gemacht? Angeblich ist diese Frage sehr philosophisch. Ich halte sie für recht simpel: Fällt ein Baum um, gibt's Geräusche. Die macht nicht der Baum, sondern die entstehen durch Reibung. Diese Reibung ist unser Neid, wenn wir das gefilterte Sundowner-Cocktail-Bild der Kollegin auf Instagram beäugen.

Und wenn Sie einen wirklich entspannten Nachmit-

Wer mir ähnlich ist, ist potenziell besser

tag hatten und niemand hat Ihre perfekt gestylten Haare und Ihren Rücken im farblich auf das Sofa abgestimmten Wollpullover auf Instagram gesehen – waren Sie dann entspannt? Die Logik gebietet ein Ja. Doch anstatt mal auszuprobieren, wie entspannt ein Nachmittag ohne Selbstdarstellung ist, nutzen die Leute diesen ruhigen Moment für ein aufwendiges Fotoshooting. Das optimale Bild eines nicht mehr so optimalen Nachmittags, aber hey, wenigstens sah es gut aus. Die Inszenierung dient dem Applaus der anderen, und der ist zur eigentlichen Währung unseres Glücks geworden. Egal ob wir Entspannung auf die Bühne bringen, Stress oder Selbstaufopferung. Auch die Abkehr von der Privatheit treibt uns in die Selbstoptimierung. Ohne Publikum könnten wir uns das alles sparen – und wir selbst sein. Doch das Publikum steht bereit und viel zu oft scheint ein »Gefällt mir«, egal ob virtuell oder physisch, schneller verfügbar als ein wenig Selbstvertrauen. Absurd. Denn wer nach dem Lob eines anderen strebt, der macht sich damit nur klein.

Das alles soll eigentlich ein Ausdruck unserer Individualität sein und ist dabei genau das nicht. Menschen sind einfach viel zu gern gleich und das zeigt sich auch in den Bildern, die sie von ihrem Individualismus machen. Früher war's der Schützenverein, heute ist es das Trikot der Nationalmannschaft. Früher waren es blonde Strähnchen, heute sind es Clean Eating und Digital Detox. Im kommenden Jahr ist es irgendein anderer Trend. Unter dem optimalen Leben verstehen wir ständig etwas Neues. Deshalb ist der Begriff der Optimierung so schwierig, so deplatziert. Optimierung suggeriert, dass wir irgendwann mal fertig werden.

Wollen Sie die Wahrheit hören?

Sie werden niemals fertig werden.
Fertig werden ist überhaupt nicht vorgesehen.

Das ist wie Neos Kampf gegen die Agenten im Film »Matrix«. Die Agenten sind virtuell, deshalb kommen immer welche nach. Sie können sich beliebig oft reproduzieren und sie wollen ihm seine Bestimmung nehmen, bevor er ihnen die ihre nimmt. Genau so ist das im Leben auch. Sie können nicht gewinnen, weil immer neue Gegenspieler dazukommen. Aber genau wie Neo sollten Sie ihnen kräftig in den Arsch treten. Mit der theoretisch unendlichen Replikation haben sich die Matrix-Autoren eine Situation geschaffen, die einen Sieg unmöglich macht. Aber der Held muss natürlich trotzdem gewinnen – ein dramaturgisches Dilemma. Neo entzieht sich schließlich und fliegt davon, verfolgt von den traurig-betretenen Blicken 183 geknickter Agenten.

Es kommen immer Gegner nach

Diese Option haben die meisten Menschen nicht. So begraben wir uns unter immer neuen Aufgaben, verkauft von Big-Data-gestützten Konzernen, die unser Leben gegen uns verwenden. 176 Dinge, die Ihr Leben besser machen, die Sie besser machen, die Sie eigentlich längst tun sollten, und solange Sie es nicht tun, vergeuden Sie Zeit. Uns wird suggeriert, wir betrögen uns um unser eigenes Potenzial. Das Gegenteil ist der Fall. Der stete Versuch der Selbstoptimierung verschwendet Geld, Lebenszeit und Energie. Und er macht Falten.

Wir sollten unserem Körper und unserem Geist ein besserer Chef werden – sie also vor unsinnigen Anforderungen schützen.

Wissen gibt uns die Freiheit zurück

Wir sind nicht gut genug. Tut mir leid, wenn das jetzt widersprüchlich klingt. Aber manchmal stellen wir uns einfach blöd an, also nennen wir die Sache ruhig beim Namen. Wir könnten alle besser sein – besser darin, uns zu wehren. Und darum geht es. Selbstoptimierung ist der Motor unserer Wirtschaft, aber ich will meine Energie lieber in mich selbst investieren. Mein Geld übrigens auch.

Wer ein glückliches Leben führen will, der muss bewusste Entscheidungen treffen. Wir müssen endlich lernen, nicht über jedes Stöckchen zu springen und das dann Optimierung zu nennen. Über Stöckchen springen ist viel zu anstrengend, wenn der Weg eh schon steinig ist. Ich will mich nicht mehr unnötig anstrengen und dabei in die völlig falsche Richtung rennen. Ich will überhaupt nicht mehr rennen.

Es geht nicht darum zu detoxen. Wenn Sie sich erfolgreich davon entwöhnt haben, an kalten Tagen am Pfeiler eines Straßenschildes zu lecken, dann müssen Sie nicht entgiften. Ihr Körper enthält kein Gift. Wenn Sie glauben, Ihr Körper enthalte Gift, dann lassen Sie bitte Ihr Blut untersuchen. Wir brauchen weder Tee noch Shakes, um uns zu entgiften, wir haben ein Organ dafür: die Leber. Sie müssen nicht detoxen, Ihr Körper detoxt sich selbst.

Es geht nicht darum, weniger zu konsumieren. Mir ist egal, wie Sie konsumieren, was Sie konsumieren und warum

Sie konsumieren. Das müssen Sie mit Ihrer EC-Karte besprechen.

Es geht nicht darum, sich selbst zu finden. Wenn Sie sich selbst verloren haben, suchen Sie sich da, wo Sie sind. Wenn Sie woanders suchen, finden Sie nur jemand anderen. Wenn Sie mitten in einer schlaflosen Nacht suchen, finden Sie sich selbst im Tiefschlaf-Modus und haben sich vermutlich gerade nicht so viel zu sagen. Suchen Sie sich bei Tag und da, wo sich Ihr Leben abspielt.

Selbstoptimierung ist ein Irrweg. Schon die Idee ergibt überhaupt keinen Sinn: Das wahre Ich muss irgendwie besser sein als das, was wir von Natur aus sind. Und trotzdem optimiert sich so gut wie jeder – ziemlich viele Menschen tun es, ohne es zu merken. Dabei leben wir in einem irren Missverständnis von der Optimierung. Sie kann so, wie wir modernen Menschen sie verstehen, auf gar keinen Fall funktionieren.

2 Mehr ist nicht weniger

Wir suchen Sinn in unserem Sein und Tun und gleichzeitig unsere Freiheit in einem steten Mehr, in einem Überfluss aus Angeboten zum guten Leben. Doch Selbstoptimierung, wie sie uns verkauft wird, ist (Selbst-)Betrug. Sie füllt unsere Köpfe, beschäftigt unsere Körper und raubt uns unseren Schlaf, anstatt uns zu entlasten. Alle tun es. Vor allem die, die es weit von sich weisen. Und das hält uns vom Leben ab. Wir kapitulieren – und versuchen sofort etwas Neues, statt einfach unser echtes Leben zu leben.

Keiner mag es – jeder tut es. Auch Sie.

Und, wann haben Sie sich zuletzt selbst optimiert? Lassen Sie mich raten.

Noch nie!

Richtig?

Als ich mit der Recherche zu diesem Buch begann, ging ich streng wissenschaftlich vor. Ich habe also erst mal eine gesellschaftlich absolut nicht repräsentative Umfrage unter meinen Freundinnen gestartet: »Betreibt ihr eigentlich Selbstoptimierung?«

Überraschung: Alle sagten Nein. Also außer Emma, die

konnte ich nicht fragen, die war beschäftigt und hatte seit der siebten Klasse keine Zeit mehr für so einen Driss. Alle anderen: kein Thema, keine Lust, zu viel Stress, mit anderem beschäftigt. »Ich hab einen Job, eine Katze, meine Diät, immer noch kein Yoga-Zertifikat, und ich muss diesen Sprachkurs schaffen. Ich habe wirklich keine Zeit für so einen Firlefanz«, sagt Judith, als ich ihr von meinem Plan erzähle, der Selbstoptimierung auf den Grund zu gehen. »Alles schon anstrengend genug.« Judith weiß das, sie hat nämlich alles schon ausprobiert. Sie liest mindestens 40 Bücher im Jahr (das hat Facebook-Chef Mark Zuckerberg mal als Optimum herausgegeben) und kennt sich entsprechend gut aus. Deshalb löffle ich zu meinem Glas Rotwein auch fettreduziertes Quark-Tiramisu (macht schlank), während sie in ihrer Küche Superfoods kleinhackt. Superfoods zählen auf der Liste von Judiths Lebensbeschäftigungen ungefähr so viel wie der Vollzeitjob.

»Das ist schon irgendwie Selbstoptimierung, was du da machst«, sage ich und rutsche vom Küchentisch, bevor er unter meinem nicht ganz optimalen Gewicht zusammenbricht. »Sei eine selbstoptimierte Freundin, schweig und reich mir die Avocados«, sagt Judith.

Keiner behauptet von sich, er betreibe Selbstoptimierung. Schon gar nicht die, die es unentwegt tun. Vielleicht schließt es sich grundsätzlich aus, sich selbst zu optimieren und von sich zu sagen, dass man das tut. Aber jeder hat eine Meinung dazu: Selbstoptimierung ist doof. Zu anstrengend. Allein das Wort: Optimierung. Ein Begriff, direkt entlehnt aus der Wirtschaftsmathematik, und ürrgh, wer mag schon Wirtschaftsmathematik?

Entsprechend wird das Thema gewöhnlich mit der Kneifzange angefasst. Selbstoptimierung ist spannend, weil sie zu unserer Produktwelt passt. Das nächste Buch über *die* perfekten Rückenübungen, der neue Diättrend, endlich produktiver, organisierter – so gut wie jeder hat irgendetwas davon im Schrank, ganz hinten, wo es niemand sieht. Und auf den nächsten Internet-Ratgeber zum besseren Ich klicken wir auch, wenn gerade keiner hinschaut. Es ist auch einfach zu verführerisch! Vielleicht kann das nächste Drei-Minuten-Lesezeit-Listicle alles verändern!

Die Irren sind immer ein Thema

Und dann sind da halt die Selbstoptimierer. Die wirken wie irre Exoten und irre Exoten sind immer ein Thema, das es zu diskutieren gilt. Kommentare dazu beginnen immer gleich: »Bald müssen wir alle…«, und so weiter. Denn Selbstoptimierung auf die Spitze getrieben will natürlich niemand. Das klingt anstrengend. Es macht Angst.

Deshalb wird mit dezenter Angewidertheit von den irren Exoten erzählt. Im Magazin »Die Zeit« erzählte die Autorin so vom deutschen Unternehmer Brian Fabian Crain:

»Wer möchte nicht gesünder, bewusster und glücklicher sein? Im Unterschied zur bräsigen Masse versucht Crain aber jeden Tag ernsthaft, sich an diese immer perfektere Version seiner selbst Zentimeter für Zentimeter heranzuarbeiten. Crain ist ein Selbstoptimierer. Und damit ein Prototyp des modernen Individuums. Er weiß, dass die Gegenwart ihm tausend Möglichkeiten bietet. Und er ist entschlossen, aus seinem Dasein das Maximum herauszuholen.«

Sagen wir es zusammen: Uuuuuh.

Aus unserem Umgang mit dem Begriff der Selbstoptimierung triefen Angst, Ablehnung, Überlegenheit. Wir sind zu cool für solche Hobbys. Besonders bedrohlich finde ich die Formulierung, besagter Crain sei der »Prototyp des modernen Individuums«. Auch in solchen Sätzen liegt die ganze Angst des Menschen, wie sie sich seit Jahrhunderten gestaltet: »Und bald müssen wir alle ...«

Ich kann da Entwarnung geben: Es zeichnet sich bislang keine demokratische Mehrheit für einen Zwang zur Selbstoptimierung ab. Wir sind weiterhin freie Menschen und können selbst entscheiden, was wir mit unserem Leben anstellen.

Der Text endet übrigens so:

»Crain hat inzwischen seinen grünen Tee ausgetrunken und denkt schon weiter: Gerade hat er ein neues Programm heruntergeladen. Damit will er jeden Buchstaben, den er auf seiner Computertastatur tippt, archivieren. Wo ist denn da der Nutzen? ›Ich weiß es nicht‹, sagt er. ›Aber ich glaube, es ist immer gut, Daten erst einmal zu sammeln. Vielleicht werden sie irgendwann wertvoll sein.‹«

Doktor Crains gesammelte Tippfehler. Sieht so ein besseres Leben aus?«

Wie gesagt: Kneifzange. Wer über Selbstoptimierung spricht, der formuliert vorsichtig, distanziert, als ginge es um Kinderpornografie oder Impfgegner. Bloß nicht zu nah ran an dieses Thema, das so abschreckend, anstrengend, abstoßend klingt. Das will ja keiner. Selbstoptimierung ist etwas, das wir gar nicht wirklich ernst nehmen wollen.

Außerdem: Bodylove! Selbstliebe! Selbstoptimierung ist ziemlich out. Niemand findet das gut. Wir leben in einer Zeit, in der wir uns nicht mehr verändern wollen sollen, sondern uns einfach so mögen, wie wir sind. Was wieder keiner sagt: Auch das ist eine Form der Selbstoptimierung. Mentale Selbstoptimierung.

In der Ablehnung der angeblichen Selbstoptimierungsbewegung steckt auch die Sorge zu scheitern. Als könnten alle anderen es schaffen und man selbst nicht. Dann lieber gar nicht erst versuchen und weg mit dem Thema.

Es ist zwar wissenschaftlich nicht beweisbar, aber doch sehr unwahrscheinlich, dass eines Tages ein perfekt durchoptimierter Mensch vor uns steht. Der müsste es dann schließlich allen recht machen, und das dürfte ihm schwerfallen. Es ist ja schon schwer genug, es uns selbst recht zu machen.

Ziele ändern sich mit Trends

Wir haben Bedenken beim Wort »Optimierung«. Das gilt gerade dann, wenn wir es auf unser Leben anwenden. Optimal kann alles Mögliche sein: schlanker oder kurviger, dezenter oder auffälliger, entspannter oder ständig unter Strom. Das ist tückisch. Wir optimieren, wo immer wir gerade einen Mangel vermuten. Dennoch verdient der Begriff einen zweiten Blick. Wikipedia beschreibt ihn so: »Das Gebiet der Optimierung in der angewandten Mathematik beschäftigt sich damit, optimale Parameter eines – meist komplexen – Systems zu finden. ›Optimal‹ bedeutet, dass eine Zielfunktion minimiert oder maximiert wird.«

Und hier liegt das Problem der Lebensoptimierung: Wie genau soll diese Zielfunktion aussehen? Und wieso gehen wir ständig davon aus, dass Zielfunktionen eines lebendigen Organismus konstant sind? Unsere Optimierung mag uns irgendwelchen Zielen entgegenführen – sobald wir diese ändern, stehen wir wieder am Anfang. Und viele Ziele ändern sich mit den Trends. Vor zehn Jahren hätte es noch niemand für nötig befunden, diese eine total elegante Yoga-Pose hinzukriegen. Mal sind die angeblichen Ideale dünn, mal sind sie sportlich, dann zeigen sie Rundungen. Und so sehr wir uns auch dagegen wehren, die Ideale unserer Zeit als solche anzuerkennen – wir sind von ihnen umgeben. So werden sie schnell zu einem Teil unserer Wahrnehmung und dann doch zu einem neuen Verständnis von normal und damit ideal. Karl Lagerfeld hat gesagt: »Der Mode entkommt man nicht. Denn auch wenn Mode aus der Mode kommt, ist das schon wieder Mode.« Anders gesagt: Selbst Individualisten sehen irgendwie alle gleich aus.

Wir optimieren ständig an uns selbst herum, auch wenn wir denken, es sei nicht so. Die Arbeit an uns ist Teil unseres Lebens. Es ist auch gar nicht unbedingt schlecht, maßvoll mit den eigenen Ressourcen umzugehen.

Ostern zu viel gefuttert und deshalb kleinere Teller in den zwei Wochen danach? Selbstoptimierung.

Mit dem Rauchen aufhören? Selbstoptimierung.

Endlich mehr Bücher lesen? Selbstoptimierung.

Regelmäßiger bei Freunden und Familie melden? Selbstoptimierung.

So blöd dieser Begriff auch ist – wir machen es trotzdem. Wir arbeiten an uns, damit wir zufriedener mit uns selbst sind. Besser werden ist ja auch eine feine Sache. Das gilt vor allem dann, wenn »besser« insgesamt »weniger« meint. Das ist der Bereich der Selbstoptimierung, der uns guttun kann. Denn eigentlich ist dieser Begriff wertneutral. Mehr ich, weniger irgendwas anderes, so sollte sie funktionieren. Leider tut sie das in den seltensten Fällen. Wir arbeiten streng gegen unsere eigenen Bedürfnisse an, nur um einem neuen Trend gerecht zu werden und dann dem nächsten und dann dem nächsten. Mut zur Veränderung ist schön, aber permanente Anpassung führt uns in die Unzufriedenheit.

Wir tun aus den falschen Gründen das Richtige

Der Killer-Satz für alle gesund Lebenden: »Du kannst es dir doch erlauben.« Oh, wie oft habe ich mir diese Worte in meinem Leben anhören müssen.

Das dritte Schweinenackensteak bei der Grillparty passt nicht mehr durch die Speiseröhre? »Du kannst es dir doch erlauben.«

Keinen Appetit auf Birnenpudding mit Zimt und Zucker? »Du kannst es dir doch erlauben.«

Keine Lust auf Weingummi, weil ich die noch nie vertragen habe? »Du kannst es dir doch erlauben.«

Ich will vor dem Frühstück kurz laufen gehen? Abwandlung: »Das hast du doch gar nicht nötig!«

Diese Sätze bringen schön auf den Punkt, was im Leben der meisten Leute schiefläuft: Die Zielsetzung ist falsch. Selbstoptimierer machen irgendwelche Dinge, einfach, damit sie sie dann wieder lassen können. Als könnte temporäre Optimierung dazu beitragen, dass der Zustand hinterher besser bleibt.

Sätze wie diese hören sehr junge Menschen, deren Körper eigentlich sehr durchschnittlich sind, im Vergleich mit älteren aber doch schlank. Diese Sätze hören außerdem

Menschen jedes Alters, wenn sie einfach auf ihre Gesundheit achten.

Offenbar glauben sehr viele Leute ganz fest daran, dass man nicht auf seine Gesundheit achten muss, wenn man gesund ist.

Gleichzeitig glauben viele Menschen, dass Schlanke alles essen können und Sport nicht nötig haben. Das ist ein bisschen, als würde man eine Pflanze nicht mehr gießen, nur weil sie grüne Blätter hat. Als würden Sie erst mal Chips, Cola und Schokolade kaufen gehen, sobald die magische Zahl auf der Waage erreicht ist. Kann man machen. Könnte aber durchaus sein, dass der ganze Aufwand zuvor einfach umsonst.

Es gilt eigentlich für so ziemlich jeden Optimierungs-, Verzeihung, Lebensbereich. Diäten, Sport, Aufräumen, Karriere. Wer sich selbst etwas Gutes tut, damit er damit wieder aufhören kann, der kann es auch gleich lassen. So läuft das Leben einfach nicht.

Es gibt keinen Feierabend

Deshalb werden schnelle Lösungen niemals funktionieren: Sie suggerieren, dass wir kurz mal was machen und dann fertig sind. Weder unser Leben noch unsere Körper können wir mit Marmorblöcken gleichsetzen, aus denen wir unser ideales Selbst herausmeißeln, um irgendwann den Hammer fallen zu lassen und in den endlosen Feierabend zu gehen. Es gibt keinen Feierabend. Bestenfalls gibt es Pausen, aber gnade dir Gott oder die Körperfettwaage, wenn die Pause zu lang wird.

2 Mehr ist nicht weniger

Keine Sorge, dies ist kein Aufruf zur ewigen Strebsamkeit. Es ist eine Warnung. Wir quälen uns, und die Belohnung ist der Exzess. Wir freuen uns auf den Exzess. Es wird der Moment sein, der all die Mühe wertvoll macht. Nach dem Sport erst mal ein Eisbecher, drei Kugeln mit Sahne. Die Wahrheit liegt in der Mitte: weniger anstrengen – und am Schluss etwas weniger hart feiern. Wollen wir optimieren, dann streben wir viel zu oft nach den Extremen. Genau die sind es aber, die unser Leben unruhig machen – und damit auch uns selbst, ganz tief im Inneren.

Der Neid auf die Exzesse der anderen ist der Vater unseres Wunsches nach Belohnung. DER kann immer alles essen. DIE muss sich nicht auf dem Fahrrad abstrampeln. Doch wer alles essen kann, kann das normalerweise nur, weil er eben *nicht* alles isst. Wer nicht aussieht, als müsste er dringend mal wieder Sport machen, tut das in der Regel freiwillig, regelmäßig, und quält sich dabei auch nicht übermäßig. Und die Menschen, die sich teure Urlaube leisten, können das oft genug auch nur deshalb, weil sie das Jahr über sparen.

Bei unserem Neid können die Heilsbringer perfekt ansetzen. Werbung machen deshalb eher zarte und sehr elegante Frauen oder durchtrainierte Männer mit sehr schönen Haaren. Das Versprechen: Diese Dinge sind ganz einfach zu haben. Kauf ein Produkt (Diät-Drink, Koffein-Shampoo, Gesichtscreme) und schon siehst du genauso aus und das Leben wird dann viel besser sein, wie auch diese Menschen in der Werbung doch ein viel besseres, leichteres Leben haben. Natürlich klappt das nicht. Einfach, schon, besser, leichter. Es sind Zauberworte. Über die wird in Kapitel 6 noch zu reden sein. Aber Muskelmasse gibt's nicht zum Trinken und Eleganz nicht zum Draufschmieren. Obwohl das schön wäre. Eleganz zum Draufschmieren würde ich sofort kaufen, ein paar Muskeln auch. Aber es kann ja nicht klappen, so weit ist die Wissenschaft einfach noch nicht. Also scheitern wir. Am neuen Produkt, an der neuen Morgenroutine, die uns früh aus dem Bett getrieben, aber schon wieder nicht zu entspannteren Menschen gemacht hat. An einem Versprechen, das uns verführt hat, uns dann aber wieder nicht befriedigen konnte.

Das Verkaufsargument schlechthin, wenn es um nachhaltige Veränderungen im Leben geht, ist die Gewohnheit. »Make it a habit« ist die Lösung für all unsere Probleme. Gewohnheiten erledigen wir automatisch, sie tun uns nicht weiter weh und verlangen keine Entscheidung. Frühmorgens aufzustehen soll dann so einfach sein wie Radfahren oder sich morgens selbst die Schuhe zuzubinden. Wir haben uns einfach daran gewöhnt. Angeblich soll es mindestens 21 Tage dauern, sich an Neues zu gewöhnen, schrieb einst Maxwell Maltz, Schönheitschirurg.[3] Maltz hatte beobachtet, dass Menschen mit neuem Gesicht oder nach einer Amputation mindestens drei Wochen benötigen, um sich an die Veränderung zu gewöhnen. Bitte beachten Sie das »mindestens«. Nicht höchstens, nicht genau 21 Tage: min-des-tens. Ich weiß, das überlesen wir gern. Blödes Wort.

Gewohnheiten sind überbewertet

In einigen Jahrzehnten Ratgeber-Literatur fiel das »mindestens« irgendwann weg und man versprach uns das völlig neue Ich in nur 21 Tagen. Erst müssen wir uns anstrengen, ab dann wird's einfach. Liebeslieder sprechen von 28 Tagen, auch von 30 Tagen ist hier und da zu lesen.

Wissen Sie noch, wo Sie vor 30 Tagen waren?

Die meisten Menschen waren genau da, wo sie jetzt sind. Und sie waren genau so, wie sie heute sind.

Alle diese Zahlen machen es uns schwer, weil sie uns versprechen, dass danach alles ganz leicht wird. Stellen Sie sich das Finale Ihrer Laufrunde vor, die letzten 150 Meter, Sie können die Straßenlaterne vor Ihrem Haus schon sehen. Jetzt tut es zwar besonders weh, aber hey, bis zum Endpunkt schaffen Sie es noch. Und dann?

Genau.

Auf den Boden werfen und leise weinen.

Und ich dachte, ich hätte mich gerade ans Rennen gewöhnt und das könnte noch eine Weile so weiterlaufen. Von wegen Automatismus.

Zielpunkte bergen ein psychologisches Problem: Sie verkünden uns ein Ende und erlauben uns Erholung. Je härter die Anstrengung war, desto dringender brauchen wir sie. Schon die Idee eines solchen Stichtages für die neue Gewohnheit ist folglich Irrsinn. Außerdem ist er meist willkürlich gewählt. Ich habe es bis zur Straßenlaterne geschafft – aber hätte ich anders geplant, wäre ich bis zum Zebrastreifen gelaufen und erst dort kollabiert. Oder schon hundert Meter weiter vorn.

Wir halten uns an unseren Zielen fest, als hätten sie eine übergeordnete Bedeutung, aber so ist es nicht. Nicht wirklich. Wir haben sie erfunden und folglich könnten wir sie auch verändern. Doch statt sich eigene Ziele zu setzen, lassen sich die Menschen ihre Ziele vorgeben:

#yogaeverydamnday
#neverstopexploring
#miraclemorning

und so weiter.

Ähnlich ist es mit Gewohnheiten: Es gibt keinen Zeitpunkt, der für jeden von uns bei jeder neuen Wunsch-Gewohnheit funktioniert.

Ausprobiert hat es die Psychologin Philippa Lally. Sie hat 96 Menschen beauftragt, für ein wissenschaftliches Experiment mindestens zwölf Wochen lang jeden Tag etwas Bestimmtes zu tun, das ihnen zur Gewohnheit werden sollte.[4] Die Probanden sollten etwas Neues in ihren Tagesablauf einbauen, ein Getränk, etwas zu essen oder eine Aktivität, und berichten, wie automatisch sich diese Handlung anfühlte. Einige tranken zum Lunch eine Flasche Wasser, andere wollten jeden Abend joggen. Lally begleitete den Versuch und fragte die Teilnehmer nach ihren Erfolgen. Im Schnitt brauchten die Teilnehmer 66 Tage – doch die Spannweite war groß. Für einige fühlte sich die Handlung schon nach 18 Tagen wie ein Automatismus an, für andere erst nach 254 Tagen – also mehr als acht Monaten. Übrigens hatten kleine Ausrutscher keinen messbaren Effekt auf die Dauer. Schauen Sie mal auf die Social-Media-Profile von Personaltrainern wie Kayla Itsines. Sie hat ein Programm veröffentlicht, eine Abfolge von Übungen über mehrere Wochen. Eine der häufigsten – und traurigsten – Fragen, die Nutzer dort stellen: Ich habe eine Sporteinheit auslassen müssen – zählt das jetzt noch?

Meine Güte. Als wäre all der Sport nichts mehr wert, wenn man mal eine Trainingsstunde ausfallen lässt. Aber das ist das gedankliche Gerüst, mit dem manche Leute ihren Alltag bestreiten. Das ist die Kehrseite dieser Challenges, die uns mit einer kleinen Herausforderung helfen, bei der Stange zu bleiben. Manchmal bleiben wir nicht bei der Stange. Weil: Leben. (Oder Netflix, seien wir ruhig ehrlich.) Schwierig wird es, wenn wir hinter einer kleinen Abweichung das große Scheitern fürchten. Als wären Ihre Zähne dem Untergang geweiht, wenn Sie an einem Dienstag im August mal die Zahnseide vergessen. Vielleicht brauchen wir gar keine Gewohnheiten, wenn wir uns selbst als erwachsene Menschen etwas ernster nehmen.

Und wenn Ihnen das nächste Mal jemand sagt, Sie müssten nur 26,37 Tage lang durchhalten, bevor die Anstrengung endet und die Gewohnheit angekommen ist: Glauben Sie ihm nicht. Die Person behält bestenfalls durch Zufall recht. Jeden Tag einen halben Liter Wasser mehr zu trinken kriegen Sie in dieser Zeit vielleicht ungefähr hin, nie wieder Ihrer liebsten Sünde frönen, dauert vielleicht ein Leben lang. Und wehe, Sie fangen bei der Lektüre dieses Buches wieder an zu rauchen.

Unsere Erwartungen an die Gewohnheit sind zu hoch. So einfach funktioniert es leider nicht mit dem neuen Ich. Simpel ausgedrückt: Wenn Sie sich die Schokolade abgewöhnen wollen, können Sie halt auch keine Schokolade mehr essen.

Und viel zu oft versagen die Versuche einer neuen Gewohnheit. Doch weil das Konstrukt so herrlich überzeugt, versuchen die Menschen es mit einer anderen. Alle anderen schaffen es doch auch! Die perfekte Gewohnheit für das bessere Ich muss irgendwo sein.

Wo ist das leichte Leben?

Sie geraten in eine Konsumspirale und brauchen ständig etwas Neues – weil nichts funktioniert. Und die Dinge, die funktionieren, sind zu anstrengend und verlangen zu viel Durchhaltevermögen, zu viel Selbstdisziplin in einer Welt, die uns sowieso jeden Tag herausfordert. Außerdem sieht das Leben in der Werbung doch so leicht aus! Wo ist das leichte Leben denn, das mir das Fernsehen schon mein ganzes Leben lang verspricht?

Die Antwort ist: Ich muss mir meine Leichtigkeit selbst machen. Wem die Treppen zu anstrengend sind, der sollte Herz und Oberschenkel trainieren. Wer ein guter Chef sein will, muss an seinen Führungsfähigkeiten arbeiten. Und so weiter. Und nein, es gibt keine einzelne, einfache Lösung. Jedes Jahr 40 Management-Bücher lesen reicht einfach nicht. Wer ein guter Zuhörer sein will, der muss lernen, seinen Mund zu halten. Das endet nicht, sobald wir es gelernt haben. Die Models aus der Werbung, die machen alle Sport. Und die haben auch alle kein Frühstück.

Selbstoptimierung ist wider die menschliche Natur

»Tall, grande, venti?«

»Klein«, sagt mein Freund Andreas und lächelt den Barista an.

»Magermilch, halbfett, Soja, Mandel?«

Andreas' Blick wird leer.

»Oder Vollmilch?!« Dem Barista steht das Entsetzen ins Gesicht geschrieben. Vermutlich gibt es in dieser Kaffeebar überhaupt keine Vollmilch mehr, denn die enthält ja voll viel Fett und welcher hippe Mittdreißiger würde seinem Körper schon einen derart lebenswichtigen Grundbaustein unserer Ernährung freiwillig zuführen?

»Milch«, sagt Andreas.

»Weißer Zucker, brauner, Stevia?«

»Ist da überhaupt Kaffee drin?«

»Entkoffeiniert? Das bieten wir mit den Sumatra-Bohnen derzeit nicht an. Soll ich Ihnen unsere asiatischen Variationen präsentieren?«

Dabei wollte der arme Mann Andreas nur den perfekten Kaffee servieren. Den optimalen Kaffee sozusagen. Und das bringt mich ins Grübeln. Er hätte einfach Kaffee und Milch zusammenrühren und über die Theke reichen können. Beide wären glücklich gewesen. Stattdessen zwingt ihn sein Großkonzern dazu, Kunden mit Fragen zu traktieren, die diese mangels Barista-Ausbildung überhaupt nicht beantworten können. Und das auch nicht wollen, schon gar nicht vor dem ersten Kaffee.

Wir bekommen alle möglichen Produkte perfekt individualisiert angeboten. Beim Kaffee fängt es ja nur an. Wir können uns im Internet Hemden vom Stoff bis zur Knopfleiste gestalten – andere müssen für so was jahrelang Modedesign studieren. Autos, Notebooks, sogar Schuhe, Regale sowieso. Das Internet ist voll mit Werbung für Bücherregale, die wir jederzeit ganz nach unseren Wünschen umgestalten könnten. Weil das ja mein Leben so verbessert, wenn ich für jedes neue Buch mein Regal umkonstruiere und den Kaffee perfekt auf meine Persönlichkeit abstimmen kann.

Das ist das erste Missverständnis der Optimierung: Uns wird suggeriert, dass wir dafür eine individuelle Lösung brauchen, die bis ins kleinste Detail durchdacht und angepasst ist. Als könnten wir keine Abweichung ertragen. Dabei suchen wir nach der Nadel im Heuhaufen und wer eine findet, der wird sich auf jeden Fall auch daran stechen. »So individuell wie du« heißt der Slogan. Wir könnten darunter Reisen bestellen, Taschentücher oder Schienensysteme für die Wohnzimmerbeleuchtung im Smarthome. Besteck, T-Shirts, Kühl-Gefrier-Kombinationen, Hautpflege, Schuhe, Autos, Betonhäuser, Mobilitätscoaching und Wandtattoos. Wandtattoos! So individuell wie ich! Und dabei wollte ich eigentlich nur einen Kaffee. Individualisierung ist der Trend unserer Zeit. Und sie frisst unser Leben auf.

Individualisierung frisst unser Leben auf

Die Psychologie unterscheidet Maximierer und Satisficer.[5] Die Maximierer sind im Kaffeehaus maximal glücklich: Sie dürfen jede Entscheidung einzeln treffen und lassen sich entsprechend Zeit. Schlimmer, als ein Maximierer zu sein, ist nur noch, einen vor sich in der Schlange stehen zu haben.

Satisficer sind genügsamer. Und das ist auch gut für sie. Sie treffen eine Entscheidung und dann bleiben sie dabei. Kaffee, Milch, danke, tschüss. Maximierer leiden dagegen häufiger am FOMO-Phänomen. »FOMO« bezeichnet die »Fear of Missing Out«, die Angst, etwas zu verpassen.

Kokos-Milch im Kaffee? Unbedingt! Aber wäre die Mandel-Milch nicht vielleicht viel leckerer gewesen?

Solange wir Individualisierung als Teil der Optimierung verstehen, wird sie uns nicht zum Glück führen. Im Gegenteil: Eine solche Optimierung ist vielleicht viel zu anstrengend, um zu einem optimalen Zustand zu führen. Wir haben zu viel Auswahl und das kostet uns Kraft.

Optimale Zustände sind manchmal ganz schön aufwendig aufrechtzuerhalten, selbst wenn einem der Fettgehalt egal ist – und das ist er ja selten genug.

Und das ist das zweite grundlegende Missverständnis über Optimierung: Wir denken, wenn wir einen optimalen Zustand erreicht haben, dann sei dieser stabil. Unser wahres Ich – ein Zustand, der uns so leichtfällt, dass wir ihn für immer beibehalten. Ein Sport, den wir so gern machen, dass wir ihn regelmäßig ausüben, quasi von ganz allein und ohne Anstrengung. Ein Tagesablauf, der so individuell perfekt auf unsere Persönlichkeit abgestimmt ist, dass er wie von selbst funktioniert, auch wenn wir dafür morgens um fünf aufstehen müssen, um eine Morgenroutine abzuspulen. Und ein Barista, der unsere Kaffeepräferenzen kennt, unseren Namen weiß UND ihn richtig schreiben kann. Und will.

Das Optimum ist nicht stabil

Alles total unrealistisch. Die Probleme fangen schon im Kopf an: Was uns guttut, daran gewöhnen wir uns. Und wenn wir uns an etwas gewöhnt haben, dann sind die guten Gefühle irgendwann der Routine gewichen. In manchen Lebenssituationen ist das gut. Wir Menschen sind aber viel zu klug, um uns in allen Lebensbereichen mit

Eintönigkeit zufriedenzugeben. So gesehen funktioniert die Yoga-Klasse auch nicht anders als ein Flirt im Büro. Anfangs schön, spannend, herausfordernd, aber sobald es mit der Krähen-Position klappt, muss vielleicht doch mal etwas Neues her. Das ist okay. Unsere Gehirne funktionieren so. Unsere Körper übrigens auch: Gut tut uns das, was neu ist. Wer bislang Yoga machte und nun Intervall-Läufe probiert, tut seinem Körper etwas Gutes. Wer immer das Gleiche tut und sich nie herausfordert, der wird darüber nicht optimal gesund sein. Gesund macht, was uns fordert. Deshalb ist Optimierung immer ein bisschen anstrengend und auf keinen Fall der Weg zu einem stabilen Zustand, den wir uns eigentlich vorgestellt haben. Stabilität ist in manchen Lebensbereichen einfach nicht gesund.

Natürlich ist das alles nicht nötig: Wir können wunderbar leben, ohne jemals etwas zu verändern. In einigen Lebensbereichen kämen wir gar nicht auf die Idee, uns so wahnsinnig unter Druck zu setzen. Die sind für jeden anders. Die einen räumen nie auf und sehen keine Notwendigkeit dazu, andere haben beim Haarstyling aufgegeben, fördern lieber ihren Squash-Aufschlag als die Karriere oder kochen am allerliebsten mit der Mikrowelle. Füße hoch, passt schon. Warum so ein Stress?

Mittelgut ist wenigstens verlässlich

Wir können das als einen Zustand stabiler Zufriedenheit bezeichnen. Deshalb sind mittelgute Hotelketten so wahnsinnig erfolgreich: Sie sind niemals spitze, aber sie sind immer mittelgut. Wir müssen auch nicht recherchieren, ob uns das Bett zusagt, die Farbe der Gardinen, die

Abmessungen der Dusche oder die Käseauswahl am Frühstücksbuffet. Es ist sowieso immer alles gleich. Das ist zwar nicht optimal, aber wahnsinnig beruhigend. Ich fahre in eine fremde Stadt und ich habe keine Ahnung, wie die Anreise verlaufen wird, was mich bei meinem Termin erwartet, ob alles glattgeht. Aber ich weiß wenigstens: Im Hotel wird alles genauso mittelgut sein wie immer. Das funktioniert auch bei Fast- und Slowfood-Restaurant-Ketten. Nichts Besonderes, eben weil es immer gleich ist. Aber immer gleich gut. Wie Mamas rote Spaghetti-Sauce, wenn wir als Kinder nach der Schule nach Hause kamen: immer lecker und zuverlässig auf dem Tisch.

Seit wir erwachsen sind, kocht niemand mehr so herrlich mittelmäßig und unaufgeregt für uns. Dabei ist es gerade die Zuverlässigkeit, gepaart mit geringem Entscheidungsaufwand, die uns endlich mal wieder entlastet. Gegessen wird, was auf den Tisch kommt.

Entspannter geht es nicht. Und auch das kann optimal sein. Wir sollten uns selbst erlauben, öfter mal rote Spaghetti-Sauce zu sein. Genau dann können wir uns nämlich am besten auf uns verlassen.

Der Zielkonflikt des Optimierungskonsums

Das richtige Produkt zur richtigen Zeit der richtigen Person zeigen. Mit diesen Worten lässt sich gutes Verkaufen zusammenfassen. Theoretisch könnte das ewig gutgehen – praktisch aber nicht. Denn wer das richtige Produkt zeigt, der zeigt im Idealfall das falsche Produkt *nicht*, kann es folglich also auch nicht verkaufen. Das wäre in Ordnung, würden wir nicht auf Wachstum hoffen. Wirtschaftliches meine ich, falls Sie Egoist gerade an persönliches Wachstum dachten. Um Sie geht's hier aber nicht. Zu Ihnen kommen wir gleich.

Der Markt für alles Mögliche hat an dieser Stelle ein grundlegendes Problem: Wir machen nicht genug kaputt. Nach einigen Monaten in einer neuen Wohnung hat man in der Regel alles beisammen. Die Kaffeemaschine sowieso, Toaster, Wasserkocher, eine Brotbackmaschine wäre irgendwie cool, passt aber nicht rein, und irgendwann ist das Haus voll und die Bedürfnisse, bei aller Liebe zum Konsum, sind gestillt.

Keine Sorge, Rettung naht.

Marcel Proust schreibt in seiner »Suche nach der verlorenen Zeit«: »Die Moden wechseln, da sie selber aus dem Bedürfnis nach Wechsel entstehen.« Und auf den ersten Blick scheint es genau so zu sein. Style wird schließlich auf der Straße gemacht. Oder von Influencern. Und weil immer wieder Menschen anders sein wollen als die Masse und damit für eben diese Masse spannende Vorbilder abgeben, bleiben Trends und damit Konsumbedürfnisse immer in Bewegung.

Klingt ganz toll, finde ich. Ist aber Quatsch.

Haben Sie sich schon mal gefragt, warum wir wirklich halbjährlich wechselnde Kleidertrends brauchen, neue Stoffe, immer neue Haarfarben, warum sich die Form von Schuhabsätzen ständig ändert und wie es dazu kam, dass ganz normale Alltagsbrillen plötzlich das halbe Gesicht vor Schlammspritzern und Glühwürmchen mit Beißreflex schützen?

Nicht *wir* brauchen die permanente Veränderung. Die *Unternehmen* brauchen sie. Und das ist der Zielkonflikt unseres Selbstoptimierungskonsums: Produkte und Services versprechen uns das Glück. Nur finden dürfen wir es nicht.

Glücklichen Kunden fehlt der Antrieb, für ihre Verbesserung Geld auszugeben. Hielten wir unsere Ernährung für lecker und vernünftig, wir hätten nicht den geringsten Grund, teure, ökologisch und sozial fragwürdige Avocados zu essen, Bananen in Sternchenform zu schneiden oder Wasser in Plastikflaschen mit blumigem Aufdruck zu kaufen.

Deshalb lässt sich Geld viel besser mit Dingen verdienen, die bei unseren Gefühlen ansetzen, als mit rationalen Alltagsgütern (oder Brotbackautomaten). Unzufriedenheit ist ein ganz tolles Gefühl, zumindest aus der Perspektive der Verkäufer. Das wirklich Schlimmste, was einer Branche passieren kann, sind zufriedene Kunden. Zufriedene Kunden kaufen nicht genug. Zufriedene Kunden brauchen weniger, und weniger ist der Tod des Wachstums. Wachstum funktioniert nur, wenn Kunden mehr wollen.

Wir kaufen mehr. Und dümmer

Die Konsumforscherin Cynthia Cryder hat eine Theorie dazu:[6] Geht es uns schlecht, bewerten wir das, was wir schon haben, negativer. Und das tun wir nicht nur mit den materiellen Dingen, die wir besitzen, sondern auch mit unseren persönlichen Eigenschaften, unseren Fähigkeiten und unserem ganzen Selbst. Deshalb sind wir eher geneigt, Geld auszugeben, damit es uns wieder besser geht.

Die Hoffnung dahinter: Die guten Gefühle sind nur eine kleine Investition entfernt.

Das wäre in Ordnung, wenn es denn irgendwie helfen würde. Tut es aber nicht. Wir kaufen nicht nur mehr. Wir kaufen Cryder zufolge auch dümmer. Unsere Zahlungsbereitschaft steigt über das hinaus, was wir normalerweise zu geben bereit wären. Die Traurigkeit beeinflusst uns so stark, weil wir in trüber Stimmung stärker auf uns selbst fokussiert sind. Das gilt übrigens nicht nur bei Produkten, von denen wir uns Besserung erhoffen. Das funktioniert sogar bei Dingen des Alltags. In Cryders Studie zahlten Probanden plötzlich dreimal so viel für eine Flasche Mineralwasser, wenn sie deprimiert waren. Und manchmal rettet uns vielleicht der Brotbackautomat den Tag. Schon wird's teuer.

Der Computerwissenschaftler und Internet-Pionier Jaron Lanier schreibt über unsere Gefühle: »Aus Sicht des Algorithmus sind Emotion, Trauer und Markentreue einfach nur verschiedene, aber ähnliche Signale, die es zu optimieren gilt.«[7] Ziel der Optimierung ist also nicht unser Wohlbefinden. Ziel der Optimierung ist unsere Kauflust, unsere Verweildauer auf Websites und dass wir unsere Daten freigeben, gern auch unser Geld. Wettbewerbsfähigkeit ist heute die Fähigkeit, Konsumenten zu manipulieren. Lanier schreibt auch: »Bewusstsein ist der erste Schritt zur Freiheit.«

Ein wenig käuflich ist das Glück übrigens wirklich. Nur halt nicht, wenn wir in Dinge des Alltags investieren. Denken wir an die »Collect Moments, not Things«-Bewegung im Internet. Die Idee, dass Erlebnisse uns länger glücklich machen als Gegenstände, ist in der Forschung mittlerweile gut belegt. Der Sozialpsychologe Ryan Howell[8] hat zu diesen Erkenntnissen beigetragen. Er betrachtete das langfristige subjektive Wohlbefinden von fast 10.000 Menschen, nachdem sie Geld für etwas ausgegeben hatten – Erlebnisse oder Dinge. Wer in Ersteres investiert hatte, fand sogar die Welt an sich schöner. Glück auf ganzer Linie sozusagen?

Das wäre zu einfach.

Kennen Sie diese Listen im Netz, die sagen, was man mit 30 schon alles erlebt haben sollte? Mein 30. Geburtstag liegt schon eine Weile zurück und ich war immer noch nicht im Eishotel. Ich kann mir nämlich – wie jeder normale Mensch – kein Eishotel leisten. Ich hasse diese Listen. Sie tun genau das Gleiche wie Werbung für Brotbackautomaten oder Fruchtsmoothies oder Morgenroutinen: Sie halsen uns noch mehr auf. Diesmal sogar mit Deadline. Wir müssen Schluss machen mit diesen übertriebenen Ansprüchen an uns selbst. Falls Sie schon über 30 sind: High Five, wir sind raus aus der Nummer und müssen gar nichts mehr, was uns irgendwelche Listen im Netz vorschreiben wollen.

Falls Sie unter 30 sind: Swipen Sie die Liste bitte einfach direkt weg. Wirklich. Jedes Katzenvideo bringt Ihnen mehr.

Wann immer wir versuchen, alles ein wenig besser zu machen, scheitern wir ganz automatisch an uns selbst. Eben weil wir unzufrieden sind und das unser Urteilsvermögen trübt. Wir investieren in die falschen Güter und geben für diese auch noch zu viel Geld aus. Früher war es Frustshopping. Heute kaufen wir Diätshakes, Job-Ratgeber, Haarwuchsmittel und investieren in Unternehmungen, die »man« mal gemacht haben muss, ohne dabei mal wieder nach dem eigenen Ich zu fragen.

Ein geniales System.

Unternehmen tun deshalb gut daran, uns zu zeigen, wie viel Grund wir doch haben, uns schlecht zu fühlen. Deshalb sind Moden und Normen so verdammt wichtig. Ein Beispiel: Alle tragen Schlaghosen, nur Sie nicht? Möglicherweise fühlen Sie sich gerade sehr sicher in Ihrer Ablehnung. Aber in den 1970ern und 1990ern wären Sie eines Morgens im Land der Flügelbeinchen aufgewacht und hätten sich selbst wie ein Storch gefühlt. Und Sie wären auch genau so wahrgenommen worden. Und glauben Sie mir, dann hätten Sie sich ganz schnell eine Schlaghose organisiert, vorzugsweise mit Bügelfalte.

Und das ist nur die Hose. Jetzt denken Sie mal daran, wie gut alle um Sie herum ihr Leben im Griff haben, dass niemand außer Ihnen sich Sorgen ums Gewicht macht, wie undiszipliniert Sie auch sind und wie alle anderen schon die Welt bereist haben, nur Sie trauen sich nicht.

So.

Wenn Sie sich selbst einen Gefallen tun wollen, schließen Sie nach diesen Erkenntnissen erst einmal Ihre Kreditkarte weg. Denn gegen Ihre selbstdefinierten »Fehler« können Sie nicht aninvestieren. Schon gar nicht mit jener Optimierung, die Ihnen versprochen wird. Und wenn Sie es versuchen, dann scheitern Sie.

Das Internet ist voll mit Artikeln, Fotos und angeblich bahnbrechenden neuen Erkenntnissen, die sich alle um ein Thema drehen: wie gut das Leben sein könnte, wenn wir uns nur besser anstellen würden. All diese Artikel haben nur ein Ziel. Sie sollen ein starkes Umfeld für werbetreibende Unternehmen bieten. Andernfalls könnten sich nämlich die Seitenbetreiber nicht mehr finanzieren. Das ist so weit in Ordnung, so funktioniert die Wirtschaft nun einmal. Akzeptieren wir die Werbung. Nur ob wir deshalb gleich kaufen, das sollten wir uns überlegen. Werbung soll uns mürbe machen. Und die Produkte dahinter können unseren Tag erschweren, weil sie ihn noch mehr mit Aufgaben und Anforderungen füllen.

Werbung soll mürbe machen

Auch die Websites selbst leben davon, dass wir Optimierungsbedarf sehen und sie uns die super geheimen Tricks verraten, mit denen wir endlich ein besserer Mensch werden. Wir erkennen sie am Vokabular: finster, grausam, eingepfercht, gestresst. Und dann wird es besser, in der Regel mit Begriffen wie Leichtigkeit, Balance, genial, geheime Tricks. Methoden, die ganz schnell gehen und unsere Unzulänglichkeiten behandeln. Spoiler: Auch diese Tricks werden uns an einen Punkt führen, an dem wieder eine Methode versagt hat – wir wieder nicht gut genug waren und weitersuchen müssen. Es ist ein ewiger Kreislauf, und während dieser ganzen Zeit fließt Geld von einer Tasche in die andere. Für Kapitel 6 habe ich mir diesen Effekt genauer angeschaut.

Denken wir andersherum, denken wir von der Seite der Anbieter aus: Werbung für Crash-Diäten, Selbstfindung und andere absurde Konzepte lohnt sich so richtig.

Geld verdienen Sie mit einer Idee, die alles verspricht und nichts hält. Das ist die unternehmerische Perfektion eines nachhaltigen Geschäftsmodells. Sie funktioniert, weil wir Angst haben. Und weil wir hoffen wollen.

Und dann retten wir noch alle anderen

Katja ist wütend. Ich sehe und ich höre ihr ihre Wut an. Ich kann es nur nicht kommentieren, weil ich es für eine gute Idee gehalten hatte, eine Woche lang jeden Tag acht Stunden Seminar zu halten, und nun mit einer Woche Stimmbandentzündung geschlagen bin. Meine Stimme verbrachte die folgenden zehn Tage im Urlaub – ohne mich. Katja schimpft in mein Schweigen hinein, ich nicke und runzle an den passenden Stellen die Stirn. Es geht um ihren Mann, wieder. Und es geht um Duschgel. Kennen Sie diesen total komischen Effekt, dass Männer keine leeren Duschgelflaschen wegwerfen? Oder Shampoo-Deo-Rasierschaum-Rasierer-Aftershave, irgendwas, Hauptsache leer, und Hauptsache, es gammelt erst mal sechs Monate lang leer im Badezimmer herum, als würde das irgendwas bringen.

»Ich weiß gar nicht«, sagt Katja, »was das besser machen soll.« Ich bin mir ziemlich sicher, sie meint: wie ich ihn besser machen kann.

Muss was Genetisches sein, denke ich, sage ich aber nicht, denn ich kann ja nichts sagen. Vielleicht diente es dem Überleben des Steinzeitmenschen, Müll lange aufzubewahren.

Oder Menschen, die leere Duschgelflaschen wegwerfen,

stürzen häufiger in Badezimmern, während sie versuchen, die Flasche aufzuheben, verletzen sich schwer daran und können sich deshalb nicht mehr fortpflanzen. Dann wäre es ja gar nicht mal so optimal, den Partner dazu zu bringen, den Müll wegzuräumen. Also je nachdem, wie sehr man an ihm hängt. Ich wollte etwas Schlaues sagen, wie: »Räum's halt selbst weg, geht schneller.« Aber ging ja nicht. Überhaupt halte ich mich für grundsätzlich in der Lage, andere Menschen von ihren Problemen loszuoptimieren, solange sie mich nur zu Wort kommen lassen. Wenn sie es dann halt umsetzen würden!

Wir verbringen so viel Zeit damit, uns selbst besser zu machen, dass wir anfangen, das auch von anderen zu erwarten. Als hätten wir ein Recht darauf, dass sich die Menschen in unserem Leben an unser Streben anpassen – sowohl die Partner als auch die Freunde und erst recht die Familie. Wie alle bösen Dinge geschieht das in allerbester Absicht, ohne Hintergedanken. Wir sagen: »Es ist zu deinem Besten.« Oder: »zu unserem Besten.« Oder, wenn wir ehrlich sind: »Es ist zu meinem Besten. Also mach, was ich dir sage.«

Jedenfalls: Ordnung muss sein, da bin ich ja ganz bei Katja. Leider sind Sorgen wie diese ja nur die Spitze eines Eisbergs.

Wir sind unzufrieden. Und wir übertragen dieses Gefühl auf andere Menschen. Vielleicht, weil wir uns in diesem Moment mal nicht mit der eigenen Unzulänglichkeit befassen müssen. *Werd du perfekt, ich zieh dann nach.*

Liebe ist anspruchsvoll geworden

Selbst die glücklichste Partnerschaft geht irgendwann in Kleinigkeiten auf, die dringend verbessert werden müssen. Katja, die sich so an leeren Duschgelflaschen stört, lässt ihre Sportsachen grundsätzlich im Bad abdampfen. Andreas lässt Zeug auf unserem Esstisch stehen – der aber auch mein Arbeitsplatz ist. Ich habe früher Mülltüten an Türen gehängt (keine Ahnung, warum das ein Problem sein soll), bin nach Andreas' Intervention nun dazu übergegangen, das Problem vollkommen zu ignorieren. Er ist nicht zufrieden. Und übrigens hasst er es, wenn ich von etwas als »das Problem« spreche. Das Problem ist: Ich beginne leider wirklich oft meine Sätze mit den Worten »Das Problem ist...«.

Früher ging Liebe so: Man traf sich, befand einander für angemessen, heiratete, und mit den Jahren kam eine tiefe Verbundenheit dazu – jedenfalls wenn es gut lief. Heute ist die Liebe unseres Lebens nichts weniger als der Seelenverwandte, Therapeut, Partner in Crime, Job-Coach, Love of my Life und was die *#couplegoals*-Hashtags noch so alles hergeben. Die Algorithmen teurer Partnerbörsen versprechen uns nicht weniger als ewiges Glück mit dem Partner, der perfekt zu uns passt, ohne dass wir uns anpassen müssen. Liebe ist anspruchsvoll geworden, Partnerschaft muss sich immer neu beweisen. Und das Ideal der Liebe hängt hoch, weil wir ständig all die guten Geschichten von Freunden, Bekannten und Prominenten hören. Oder wir hören die negativen Geschichten und grenzen unsere eigene Beziehung davon ab.

Wie wir eine Geschichte erzählen, sagt viel darüber aus,

wie wir sie überhaupt wahrgenommen haben. Und es hat ganz entscheidenden Einfluss darauf, wie wir sie in Erinnerung behalten werden. Beklagen wir uns zu viel, wird die Versuchung übermächtig, etwas zu verändern. Und hören wir zu viele gute Geschichten, gilt das Gleiche. Wir müssen also einen Mittelweg finden zwischen unseren Ideen, den Ideen der anderen und der Realität, von der wir immer nur einen Ausschnitt sehen. Und wir müssen uns einmal überlegen, in wen wir uns eigentlich verliebt haben und ob der Partner wirklich dieser Mensch ist. Oder war.

Bertolt Brecht hat das sehr schön auf den Punkt gebracht:
»Was tun Sie«, wurde Herr K. gefragt, »wenn Sie einen Menschen lieben?«
»Ich mache einen Entwurf von ihm«, sagte Herr K., »und sorge, daß er ihm ähnlich wird.«
»Wer? Der Entwurf?«
»Nein«, sagte Herr K., »der Mensch.«
Lassen Sie sich damit mal einen Moment Zeit und fragen Sie sich: Habe ich das nicht auch schon mal versucht? Wir tun das mit uns selbst, mit unseren Partnern, sogar mit unseren Freunden. Unsere Entwürfe von Menschen sind verdammt optimistisch, gerade in der Liebe, gerade am Anfang, wenn wir viel mehr Fantasie zur Verfügung haben als gemeinsame Erfahrung. Das kann ja nur ins Auge gehen. Vor allem, wenn die Ansprüche steigen.

Dabei sind Paare durchaus in der Lage, einander zu unterstützen. Das sagt der Sozialpsychologe Eli Finkel. Finkel beschreibt die Partnerschaft als selbstregulierendes System.[9] Zwei werden zu einem, um es etwas romantischer auszudrücken. Beide Partner arbeiten an Zielen für das System, für den anderen oder für sich selbst. Und jeder trägt dazu bei. Wenn's nicht harmoniert, heißt das noch lange nicht, dass der Versuch der Systemoptimierung scheitern muss. Doch der Weg zum Erfolg kann verdammt wehtun. Die Psychologen Nickola Overall und James McNulty unterscheiden Paare, die kooperieren, und solche, die einander als Gegner gegenüberstehen.[10] Psychologen-Sprache ist manchmal ganz schön hart. Doch wenn es ernst wird im Leben, kann der harte Umgang in der Partnerschaft durchaus helfen. Für kleinere Dinge (Duschgelflaschen!) empfehlen sie aber die sanftere Methode.

Paare, die kooperieren, sind einfach erfolgreicher. Was so wahnsinnig einleuchtend klingt, vergessen wir, wenn es um das Alltagsleben geht. Kleinigkeiten werden da ganz schnell ganz groß. Die Duschgelflasche wird etwas Grundsätzliches. Muss Katja bis an ihr Lebensende Duschgelflaschen einsammeln? Das sind noch ein paar Jahre, und bis dahin wird viel Duschgel den Abfluss hinunterfließen.

Wir müssen die Menschen in unserem Leben nicht optimieren. Wir haben auch gar kein Recht dazu. Wenn es völlig normale Leute sind, und das sind ja die meisten Menschen, dann arbeiten sie schon genug an sich selbst und haben überhaupt keine Lust auf neue Baustellen, die ihnen von anderen aufgedrückt werden. Das kann frustrierend sein, sogar demütigend, beschreibt Eli Finkel.[11] Und es kommt immer im falschen Augenblick, denn wann wäre schon der richtige Moment für die Ansage, dass man sich bitte ändern soll?

Niemand braucht neue Baustellen

Die Liebe »gelingt«, wenn wir unsere Partner sein lassen, wie sie schon sind – oder wie sie gerade sein wollen. Und sie so auch lieben. Genau das Gleiche gilt in der Liebe zu uns selbst, aber diese Erkenntnis fällt schwerer. Weil sie auch etwas damit zu tun hat, für wie liebenswert wir uns selbst halten. Dahinter steckt eine Angst, und die ist ein intensiver Motivator.

3 Angst ist der neue Sex

Wir sind gern empfänglich für Selbstoptimierungsprodukte. Gefühlt müssten das Leben, die Liebe, die Karriere doch ganz leicht sein. Und vermutlich ist die perfekte Methode schon in der Welt. Wir haben Angst, sie zu verpassen. Also testen wir ständig etwas Neues. So ist die Angst zum Motor unserer Wirtschaft geworden.

Wer Angst vor dem Leben hat, stürzt sich in die Selbstoptimierung

»Ich arbeite noch ein bisschen«, schreibt meine Freundin Emma, und ich blicke auf die Uhr: 22.36 Uhr. Okay. Also *ich* gehe jetzt schlafen. Für eine Freiberuflerin sind ihre Arbeitszeiten gar nichts Ungewöhnliches. Aber Emma ist nicht nur Freiberuflerin. Den Tag, an dem sie mir diese Nachricht schreibt, hat sie, genau wie ich damals, in einem Büro verbracht, 9 bis 18 Uhr, exakt eine Stunde Mittagspause, die komplett für telefonische Absprachen draufging, pünktlich raus, nach Hause – an den Schreibtisch, weiter im Takt.

Ich halte das für eine blöde Idee, denn Emma ist auch schon ziemlich schwanger, als sie mir diese Nachricht schickt. Emma hält fünfzehn Stunden Arbeit am Tag dagegen für eine wahnsinnig gute Idee, eben weil sie schwanger ist und als Hauptverdienerin bald das Geld brauchen wird. Emma ist die Großmeisterin des *Allesrichtigmachens*. Sie hat auch alle Versicherungen und sogar eine Altersvorsorge, die diesen Titel verdient. Und ganz im Gegensatz zu mir in dieser Phase unseres Lebens ist Emma nie pleite. Ich bin ungefähr die ganze Zeit pleite. Emmas Leben habe ich dagegen immer als ziemlich optimal betrachtet. Wären da nicht die Zielkonflikte.

Emma hat wahnsinnige Angst davor, irgendwann ohne Geld dazustehen, deshalb arbeitet sie so viel und lebt eisern sparsam. Emma hat aber auch Angst vor Pestiziden, findet Großkonzerne scheiße und würde am liebsten nur Bio-zertifizierte Lebensmittel kaufen. Dass diese Kombination im Supermarkt regelmäßig zu Problemen führt, können Sie sich ja vorstellen – und auf dem heimischen Wochenmarkt ist sie wahrscheinlich bald die erste Feilscherin mit Platzverweis.

Emma war übrigens auch diejenige, die überhaupt mit dem Thema Selbstoptimierung um die Ecke kam, vielleicht erinnern Sie sich. Ich unterstelle da mal einen Zusammenhang. Da kommen einfach eine ganze Menge Sorgen zusammen und vereinen sich zu einem Perfektionsdrang, der verdammt belastend werden kann. Mit diesem Ideal der stetigen Verbesserung lenken wir uns hervorragend von den akuteren Bedrohungen des Alltags ab.

Wer Angst hat, der will sich vorbereiten, auf alle Unbill des Lebens. Und wer ist am besten vorbereitet? Genau: der optimale Mensch. So kann uns die Angst in ein verdammt anstrengendes Leben hineintreiben. Und in ein sehr teures, denn wenn die Angst uns in pessimistische Stimmung versetzt – dazu neigen Ängste ja nun einmal –, sind wir spendabler, wie wir schon in Kapitel 2 gesehen haben.

Die Autorin Karen Thompson Walker hat sich monatelang mit Ängsten befasst. Sie hat einen Roman geschrieben, »Ein Jahr voller Wunder« lautet der deutsche Titel, es geht um nicht weniger als das mögliche Ende der Welt. Und bei der Recherche ist ihr etwas aufgefallen, erzählt sie in einem TED-Vortrag:[12] Ängste sind eigentlich Geschichten. Und zwar in der Regel solche, die wir uns ausdenken.

Fantasie macht uns unvernünftig

Walker hat sich in einem TED-Talk an die Ängste ihrer Kindheit erinnert. Sie lebte in Kalifornien. Wann immer die Erde bebte, wackelte der große Kerzenleuchter über dem Esstisch ihrer Familie. Ein Bild, das sich einprägte und bald zum Symbol für die Bedrohung wurde. Die damals noch sehr kleine Karen bekam Angst, jedes Mal. Und ihr Kindergehirn malte sich in düsteren Farben aus, was alles passieren könnte. Angst kann unsere Fantasie zur Höchstleistung anregen. Sie kennen das vielleicht aus dem Straßenverkehr, wenn Ihre Liebsten im Flugzeug unterwegs sind oder wenn Sie auf einem hohen Gebäude stehen. Unser Kopf zieht uns runter.

Genau diese lebhafte Fantasie ist es deshalb, aus der große Geschichten entstehen, sagt Walker heute. »Wie jede gute Geschichte lässt die Angst uns unsere Aufmerksamkeit auf eine Frage richten, die im Leben so wichtig ist wie in der Literatur: Was passiert als Nächstes?« Weil wir uns diese Frage stellen, haben wir Menschen eine Fähigkeit, die uns von anderen Lebewesen unterscheidet: Wir können mental in die Zukunft reisen.

Diese Fantasie ist es aber auch, die uns möglicherweise unvernünftige Entscheidungen treffen lässt und uns in eine Selbstoptimierungsspirale treibt. Denn jede Angst, jede bedrohliche Situation, auf die wir uns vorbereitet haben, können wir durch eine neue ersetzen. Und damit auch durch eine neue Baustelle an uns selbst, die es zu optimieren gilt.

Walker nennt das Beispiel der Crew des Schiffs »Essex«, das im Jahr 1819 in Seenot geraten war. Die Seemänner retteten sich in kleine Beiboote. Sie hatten die Wahl, eine Insel anzulaufen, auf der gerüchteweise Kannibalen lebten, eine andere Insel, vor der sie möglicherweise in einen Sturm geraten würden, oder eine fernere Insel, die als sicher galt. Kleiner Wermutstropfen: Bis zu letzterer Insel würde der Proviant auf keinen Fall reichen.

Kannibalen, Sturm, ein weiter Weg über den Ozean ohne Proviant – wie würden Sie entscheiden?

Die Crew entschied sich damals für die dritte Insel, jene, die so weit entfernt war, dass das Essen nicht reichen würde. Nur die Hälfte der Besatzung überlebte die weite Reise – viele von ihnen waren unterwegs selbst zu Kannibalen geworden. Walker sagt, die Vorstellung von Kannibalen und Sturm war so lebendig in den Köpfen der Männer, dass sie zu viel Angst hatten, eine der ersten beiden Inseln anzulaufen. Dabei war weder sicher, dass ein Sturm aufziehen würde, noch dass die gefürchteten Kannibalen überhaupt existierten. Rein sachlich betrachtet hatten sie nur eine Gewissheit: Bis zur dritten Insel würde der Proviant nicht reichen, der Weg war einfach zu weit. Doch dieses Szenario blieb diffus, kaum vorstellbar – noch war der Lagerraum ja voll.

So wurden die Männer selbst zu dem, was sie am meisten fürchteten: Sie wurden zu Kannibalen, weil der Hunger sie trieb.

Wir sollten uns selbst als Leser unserer Ängste betrachten, so wie wir bei einem Roman über Kriminalfälle oder Katastrophen die Ängste anderer lesen, sagt Walker. Und sehr bewusst auswählen, welchen Ängsten wir nachgeben und welche wir als zu weit weg abtun.

Wie wir unsere Geschichten erzählen, hat sehr viel damit zu tun, wie wir uns selbst wahrnehmen und wie stark wir im Alltag sind. Das gilt für unsere Vergangenheit: Stärkt uns eine Erfahrung, weil sie uns abgehärtet hat, gegen die Unsicherheiten des Lebens? Oder schwächt sie uns, weil sie Kraft gekostet hat?

Betrachten wir Ängste als Geschichten aus der Zukunft, dann haben sie plötzlich sehr viel damit zu tun, wie wir im Leben stehen. Sie können uns lähmen, uns unvernünftige Entscheidungen treffen lassen oder gar keine mehr. Sie können uns in einen Zustand treiben, in dem wir uns auf alles vorzubereiten versuchen und dabei an der Masse der Möglichkeiten scheitern. Und unser Kopf ist verdammt gut darin, uns besonders finstere Möglichkeiten zu zeigen. Das macht uns empfänglich für die Selbstoptimierung.

Wir haben nicht genug Probleme

»Mal sehen, was heute auf der Agenda steht.« Mit diesen Worten begrüßt die Menschheit das dritte Jahrtausend in Yuval Noah Hararis Buch »Homo Deus«.[13] »Jahrtausendelang blieb die Antwort auf diese Frage unverändert«, fährt er fort, »Hunger, Krankheit, Krieg.« Natürlich würden wir nicht ernsthaft behaupten, diese Horrorszenarien unserer Existenz seien besiegt. Sie sind es keinesfalls, das behauptet auch Harari nicht. Dennoch kann niemand ernsthaft sagen, sie seien unsere Alltagssorgen. Für den modernen deutschen Großstädter sind Hunger, Krankheit und Krieg eher Hobbys. Themen, die diskutiert werden, Probleme, die angeprangert werden. Betroffenheit ist vorhanden, doch ist es eine emotionale. Hunger ohne Ausblick auf eine Mahlzeit, Krieg ohne Aussicht auf Zuflucht – das betrifft uns Mitteleuropäer heute nicht mehr. Die Epidemien haben wir mittels Impfungen und Hygiene erfolgreich eingedämmt. Und noch nie war die Chance eines Erkrankten so groß wie heute, trotz HIV, Krebsdiagnose oder Schädelbruch noch viele gute Jahre zu leben.

Doof, dass unser Unterbewusstsein das nicht kapiert. Wir Bewohner von Industrienationen haben unsere drängendsten Probleme gelöst – schlimmer hätte es gar nicht kommen können.

Harari schließt seinen Überblick über die Errungenschaften der Menschheit mit den Worten: »Menschen sind selten mit dem zufrieden, was sie haben. Der menschliche Geist reagiert auf Errungenschaften in der Regel nicht mit Zufriedenheit, sondern mit dem Verlangen nach mehr.«

Und schließlich: »Wenn die Menschheit über enorme neue Fähigkeiten verfügt und wenn die Bedrohung durch Hunger, Krankheit und Krieg endgültig beseitigt ist, was fangen wir dann mit uns an?«

Und da ist sie wieder: die Sinnfrage. »Unsterblichkeit, Glück und Göttlichkeit« sagt Harari als neue Ziele der Menschheit voraus. Ich würde sagen: Gefühlt sind wir da schon längst angekommen. Wir fürchten uns, nicht mithalten zu können mit dem Streben der anderen, und wir wissen: Scheitern wir an uns selbst, dann können wir dafür niemanden verantwortlich machen.

Wir tragen ein großes Potenzial für Angst und Sorgen in uns, und wir wissen nicht, wohin damit. Natürlich können wir uns gegen Hunger, Krieg und Krankheit in anderen Ländern engagieren, wir sollten es auch. Aber das ändert nichts daran, dass nichts davon uns akut persönlich bedroht. Wenn Sie sich abends entscheiden müssen, ob Sie als Thema Ihrer schaflosen Nacht den Konflikt in Mali wählen oder Ihre Befürchtung, morgen bei der wichtigen Präsentation zu versagen, dann erzählen Sie mir bitte nichts von Krieg in einem fernen Land. Im Kampf von Gewissen gegen Angst siegt allzu oft Letztere. Geht es um unsere Sorgen, dann sind wir uns selbst die Nächsten, auch wenn wir uns dafür schämen.

Unser Unterbewusstsein kann zwischen einer Bedrohung durch Krieg und einer Bedrohung durch berufliches Versagen leider nur schwer unterscheiden. Es weiß auch nicht, ob die Angst vor einem Terroranschlag begründet ist oder durch populistische Schlagzeilen unrealistisch übersteigert. Im Gehirn verbreitet sich nur das Signal: gefährliche Situation! Alarmbereitschaft einleiten! Und der Körper folgt diesem Signal. Eine inhaltliche Prüfung – ist die Existenz bedroht? – findet nicht statt. Hormone werden ausgeschüttet, wir werden wacher und unsere Verdauung streikt. Das sind normale Vorgänge, die Leben retten, wenn wir vor Soldaten fliehen müssen oder der Wald brennt. Sie verkürzen jedoch unsere Lebensdauer, wenn sie bei Alltagssituationen auf unseren Körper wirken. Gefäße verkalken, wir essen ungesünder und verdauen schlechter. Permanenter Stress ist Gift für uns.

Das Leben birgt gewisse Risiken, das wissen wir. Und wir tun gut daran, sie zu mindern. Das hat jedoch Nebenwirkungen. Für unsere Ängste haben sich die Relationen massiv verschoben. Früher fürchteten die Menschen, zu Tausenden zu sterben. Heute bekämpfen wir das Restrisiko, mit dem Jahrhunderte der Entwicklung uns in unser Leben entlassen haben.

Das ist kein Grund, die Grippe nicht mehr zu fürchten, die Folgen des Bewegungsmangels oder der wirtschaftlichen und gesellschaftlichen Ungleichheit. Wer daran arbeitet, tut sich selbst oder der Gemeinschaft etwas Gutes. Allerdings sind unsere Ängste durchaus geeignet, unser Urteilsvermögen zu schwächen. Die Folge ist eine Überreaktion. Selbstoptimierung, wenn sie bestimmte Risiken eliminieren soll, kann dann zu einer Verschlechterung unseres Lebens führen. Genau das erleben wir schon, wenn wir Menschen sehen, die zu viel Geld in Schönheitsoperationen stecken, teure Luxusuhren, Reisen oder Autos. Menschen, die sich selbst oder ihre

Wir sind unsere eigenen Helikoptereltern

Kinder an vier Nachmittagen in der Woche zu Sport-, Kunst- und Sprachkursen schleifen. Wir lachen über Helikoptereltern, doch in Wahrheit gehen viele Menschen mit sich selbst gar nicht besser um. Wir kreisen um uns selbst, um auch ja nichts zu übersehen, um jeden Schritt in eine suboptimale Richtung sofort abzufangen.

Die eigene Angst

Am schlimmsten ist es nachts. Manchmal wache ich morgens auf und weiß überhaupt nicht mehr, was der Quatsch sollte. Aber irgendwann zwischen Mitternacht und kurz vor Sonnenaufgang hält es mein Gehirn offenbar für absolut angebracht, mich in emotionale Debatten darüber zu verwickeln, was in meinem Leben gerade alles schiefläuft. In der Regel beginnt es so:

»Wenn du nicht bald schläfst, wirst du morgen nicht fit sein.«

»Die Leier kenne ich, Gehirn«, sage ich dann. Mein Gehirn und ich kennen uns schon echt lange und ich weiß genau, dass es nachts am Rad dreht. Deshalb versuche ich in der Regel, Schlaflosigkeit mit Schlaf zu bekämpfen. Sie können sich ungefähr vorstellen, wie wahnsinnig gut das funktioniert.

»Sei ein braves Gehirn und denk an was Schönes. Schmetterlinge und Blumenwiesen.«

»Ich weiß genau, dass du gleich aufs Klo musst.«

»Und? Dann geh ich halt.«

»Wenn du jetzt aufs Klo gehst, bist du erst recht wach.«

Da hat mein Gehirn natürlich recht. Und wenn ich erst

einmal richtig wach bin, dann schlafe ich vielleicht gar nicht mehr ein und …

»Schlafmangel macht Falten. Und dick. Rate mal, wie du morgen aussehen wirst.«

»Danke, Gehirn. In letzter Zeit mal in den Spiegel geschaut? Dem Gesicht geht's jedenfalls besser als dir gerade.«

»Und deine Neigung zu Halsentzündungen? Hast du daran mal gedacht?«

Ich spüre, wie meine Stirnfalten tiefer werden, genau in diesem Augenblick.

Und so geht das dann noch ein, zwei Stunden weiter. Nur halt in viel weniger lustig. Morgens wache ich nach 0 bis 45 Minuten Schlaf auf und stelle fest, dass die Welt sich weiterdreht und folglich auch die Sonne wieder aufgegangen ist, ich über Nacht zwar etwas faltig, aber nicht fett geworden bin und keinesfalls dumm, auch wenn mein Gehirn alles darangesetzt hatte.

Morgens dreht die Welt sich weiter

Wir haben Angst. Nicht nur nachts, auch tagsüber. Nicht nur vor existenziellen Bedrohungen, denn die können wir überblicken. Viel mehr fürchten wir Situationen des Alltags – ausgerechnet jene, die uns nun wirklich nichts tun können. Leider scheitert unser Urteilsvermögen grandios daran, große Sorgen von kleinen zu unterscheiden. Wie bedrohlich eine Situation wirkt, hängt dann nicht mehr von den Tatsachen ab, sondern von unserem Geisteszustand. Und der ist gerade nachts manchmal ziemlich finster.

Natürlich sind viele Alltagskatastrophen vermeidbar.

Doch der Preis der Vermeidungsstrategie ist hoch. Die Autorin Melina Royer kritisiert solche Strategien als Fluchtversuche:[14] »Perfektion ist das Versprechen unseres Unterbewusstseins, dass wir – wenn wir uns nur genügend anstrengen – Schmerz und allen anderen negativen Gefühlen aus dem Weg gehen können. Es ist ein Vermeidungsverhalten.« Eines, das schon entlarvt ist, wenn man es nur in Worte fasst: »Wenn wir unsere Arbeit möglichst perfekt machen, werden wir niemals kritisiert werden, und wenn wir über die Maßen toll aussehen, wird jeder unser Freund sein wollen.« Dass das funktionieren kann, glauben wir auch nur so lange, wie wir es nicht laut aussprechen. Die Selbstoptimierung soll uns retten – vor allem vor unseren eigenen Ängsten. Doch das ist nicht nötig.

Wir Menschen halten die erstaunlichsten Dinge aus. Die Welt geht nicht unter, wenn wir schlecht schlafen, zehn Kilogramm zunehmen, die Schwarztöne von Hose und Bluse nicht zusammenpassen, der eigene Tonfall nicht mit der Laune des Chefs oder wenn die Wohnung im Chaos versinkt. Dennoch sorgen wir uns. Mal mehr, mal weniger. Niemand würde behaupten, fünf Kilo mehr oder weniger auf den Rippen seien ein ernsthaftes Problem. Dennoch belasten sie uns bei jedem Blick in den Spiegel. Wir fürchten uns. Wir haben Angst davor, nicht genug zu sein, nicht gut genug, nicht schlank genug, nicht schlau genug, nicht sportlich genug, nicht witzig genug, nicht genug vernetzt, nicht individuell genug, nicht hilfsbereit genug. Zu fett, zu dünn, zu laut, zu leise, zu langweilig, zu sprunghaft, zu bequem, zu aufsässig, zu egoistisch, zu egozentrisch, zu nervig, zu kommunikativ. Vom Guten zu wenig, vom Schlechten zu viel.

#3 Angst ist der neue Sex

Ich verrate Ihnen etwas über die Mehrzahl Ihrer Ängste. Es sind gar nicht Ihre eigenen. Sie haben gar nicht Angst, dass irgendetwas Schlimmes passiert. Sie haben Angst, dass andere etwas Schlimmes über Sie denken können. Wir sprechen bei gesunden Menschen nicht über Panikattacken mit Herzrasen, meistens jedenfalls. Es geht um Alltagssorgen. Um Kleinscheiß, der uns groß belastet. Fensterputzen (was sollen die Nachbarn denken?), Kuchenbacken (was soll die Schwiegermama denken?), geschliffene Redebeiträge bei Besprechungen, Rasenpflege, Shaping-Leggins, was auch immer. Lauter Dinge, die uns, wie die Autorin Alexandra Reinwarth so schön formuliert, am Arsch vorbeigehen sollten,[15] was sie aber nicht tun und uns deshalb belasten. Eine bunte Sammlung kleiner Alltagsängste, gegen die jede Menge Optimierungsprodukte gewachsen sind. Wir haben nicht nur verlernt, uns Dinge am Arsch vorbeigehen zu lassen. Es ist auch gar nicht erwünscht. Weil unsere entspannte Haltung, völlig zentriert in uns selbst, der Optimierungsindustrie nichts nützt.

Wir können das Leben überleben

Zu oft vergessen wir, wie gut wir in der Lage sind, Krisen zu begegnen. Wir ergehen uns in Vorbereitung, Optimierung, Krisenvermeidung. Und verlieren vollkommen aus dem Blick, dass wir Schwierigkeiten aushalten können. Und dass sie uns stark machen. Sie lehren uns, dass wir das Leben überleben können, auch wenn wir nicht auf alles vorbereitet sind. Weil niemand jemals auf alles vorbereitet ist. Wie viele Krisensituationen hatten Sie in Ihrem Leben, die Sie dann doch in den Griff gekriegt haben? Solche Erfahrungen sind geeignet, uns stark zu machen.

Wir müssen uns auf sie berufen. Nicht auf die »Vielleichts«, die in Ihrem Kopf herumschwirren. Vergessen Sie, dass Sie *vielleicht* das Vorstellungsgespräch vergeigen. Denken Sie lieber daran, wie Sie sich mal total verzettelt und dann erfolgreich rausgeredet haben.

Wenn wir jedem Ärger aus dem Weg gehen wollen, verlieren wir diese Abhärtung wieder. Doch vielleicht ist das die einzige Selbstoptimierung, die wir brauchen: die Abkehr von der Angst vor dem Leben. Wir sind nicht machtlos, auch wenn es sich manchmal so anfühlt. Wir sind stark, jeder von uns.

Die Angst der anderen

»Das könnte etwas Ernstes sein«, sagt Katja und schaut mich sorgenvoll mit ein wenig Aktionismus im Blick an. Ich sage nichts. Ich sitze auf dem Boden unseres Sportstudios, presse die Fingernägel in meinen Handballen, die Zähne in meine Fingerknöchel und atme in meine Knieschmerzen hinein. Würde ich Knieschmerzen googeln, wäre es vermutlich lebensbedrohlich. Würde ich Katja nach einer etwas differenzierteren Diagnose fragen, stünde ich vermutlich kurz vor der Amputation und ich sollte! mich! dringend! schonen!

Fragt sich nur, wie ich mich gleichzeitig schonen und meinen Körper auf Kleidergröße 36 runteroptimieren soll. Optimale Knie und optimale Fitnesswerte sind manchmal leider schwer in Einklang zu bringen. Außer vielleicht durch einen optimalen Trainingsplan, und dann müsste man sich auch noch dran halten.

Ich muss zugeben, die Sache mit den überlasteten Patellasehnen, die war sehr unangenehm, geradezu suboptimal. Und eine kleine Sportpause war tatsächlich keine blöde Idee. Der Schmerz ist etwa mit dem gleichzusetzen, der in meinem Kopf entsteht, wenn andere Menschen mich vor Unglück warnen. Katja ist zwar sehr sportlich, aber keine Ärztin, und sie hat auch kein MRT in ihrer Sporttasche. Entsprechend wenig versteht sie von Knieschmerzen, insbesondere von meinen in diesem Augenblick. Doch ihre Warnung ist gut gemeint, sie will mich schützen. Sie will, dass es mir gutgeht.

Ich wünschte nur, sie würde ihre Strategie ändern.

Katja warnt mich ständig vor Unglück. Das beginnt bei »Dein Zug könnte Verspätung haben«, geht direkt über in Lebensmittelvergiftungen nach Sushi und endet bei der lebensbedrohlichen Überlastung der Patellasehne. Tritt übrigens alles viel seltener auf, als man eigentlich denkt. Und natürlich meint sie es nur gut. Doch der Weg in die Hölle ist gepflastert mit guten Absichten.

Wir schicken uns gegenseitig in die Hölle.

Wir schüren Angst.

Dinge, vor denen man im Alltag sonst noch gewarnt wird: Taschendiebe, zu schnell fahren, Unfall bauen, bei der Party zu viel trinken, Sonnenbrand. Oder, wenn man noch sehr klein ist: vom Baum fallen, hinfallen, Sachen fallen lassen.

Als würde man als Kind nur hinfallen, weil einem keiner gesagt hat, dass man es lieber lassen soll. Als würde man als Erwachsener immer in Unfälle verwickelt werden, es sei denn, jemand sagt einem, dass das keine gute Idee ist. Tatsächlich habe ich mich gerade erst dabei ertappt, wie ich einer Freundin sagte, sie solle bei ihrer Autotour durch die Berge keine Rennrad-Fahrer umnieten. Als wäre sie nicht allein auf diesen Gedanken gekommen.

Wir warnen einander. Ständig. Und es wird immer schlimmer. Manchmal bereitet es mir körperliche Qualen, mir mein ewiges »fahr vorsichtig« zu verkneifen. Denn was, wenn ausgerechnet an diesem Tag etwas passieren würde? Dann wäre ich ja verantwortlich! Und jetzt sagen Sie ja nicht, das sei doch Quatsch. Von außen sieht das natürlich so aus. Aber von innen? Achten Sie mal drauf, von innen wirken die Warnungen plötzlich überlebenswichtig.

Denn das ist vielleicht eine der erdrückendsten Ängste unserer Zeit: die Angst vor Schuldgefühlen.

Stieße uns selbst etwas zu, wäre das natürlich ernst. Aber irgendwo ist da noch ein Quäntchen Rest-Selbstvertrauen, das uns sagt: Das kriege ich schon irgendwie hin.

Schlimm wird die Lage erst, wenn jemand anderem etwas passiert. Plötzlich sind wir wahnsinnig betroffen. Und möglicherweise schuldig, und das tut weh. **Schuld ist etwas** Denn Schuld ist etwas Vermeidbares. Ein **Vermeidbares** Verstoß gegen das Gewissen, betrachtet man den Begriff moralisch. Ein Verhalten, das uns vorsätzlich oder fahrlässig vorwerfbar ist, würden Strafrechtler sagen. Auf die Spitze getrieben: eine Beteiligung am schädigenden Ereignis, durch Handlung oder Unterlassen. Oder, wenn man das Ganze mal zwischenmenschlich betrachtet: das Gefühl, ein Unglück abwenden zu können, wenn man nur oft genug darüber redet. Und spätestens an dieser Stelle wird es offensichtlich unsinnig.

Passiert jemand anderem etwas, sind wir zwar tendenziell unbeteiligt, aber wir hätten ja warnen können. Und Schuldgefühle heilen nicht so leicht wie ein gebrochenes Handgelenk. Deshalb sind die Warnungen auch ein kleiner Liebesbeweis: Ich hab dich lieb – bitte komm heil zurück. Ganz unschuldig, gut gemeint.

Doch unsere Warnungen sind gefährlich, so wie die Warnungen der anderen für uns gefährlich sind. Sie kosten uns unser Glück. Das funktioniert bei nahestehenden Menschen besonders gut, denn ihre Gefühle sind uns wichtig, auf ihr Urteil vertrauen wir. Schaut uns unser Partner sorgenvoll hinterher, wenn wir uns auf den Weg zur Arbeit machen, dann glauben wir ihm, dass es einen Grund zur Sorge gibt. Meist nur unterbewusst. Aber die Idee ist da und sie legt einen Schatten über unseren Tag.

Sorgen liegen als Schatten über uns

Wann immer wir einander zur Vorsicht mahnen, erinnern wir uns an all die Gefahren des Lebens. Und das nagt an uns. Es staut sich auf. Wir brauchen sehr viel innere Widerstandskraft, um uns gegen all die Warnungen zu wehren, und das kostet Lebensenergie, die wir auch woanders einsetzen könnten. Dabei geht es in der Regel um kleine Dinge. Radfahren, über die Straße gehen, Sport, kein Sport, Alkohol, kurze Röcke, ein Tablett Gläser tragen. Doch selbst der ungeschickteste Mensch wird nicht das kleinste bisschen geschickter, wenn wir ihm sagen, dass er mit dem Tablett vorsichtig sein soll.

Eine Welt aus Sorge und Schuld

Aufklärung ist wichtig, doch wenn wir einander mit Warnungen traktieren, drehen wir in vielen Lebensbereichen die Schuldverhältnisse um. Manchmal vom Zufall auf den Betroffenen, bei Gewalttaten vom Täter zum Opfer. Wer Opfer zu Schuldigen erklärt, der rechtfertigt Taten. Und ja, das beginnt schon bei der Warnung, denn sie könnte ja befolgt werden, um das Unglück abzuwenden, so ist die Warnung ja gemeint. Wenn es dann doch geschieht: Wieder nicht gut genug aufgepasst, wieder nicht auf die Warnungen gehört. Wir packen einander in Watte, versuchen es zumindest, und vergessen dabei vollkommen, dass das Leben so nicht funktioniert. Und wir erreichen damit genau das Gegenteil des Gewünschten. Nicht mehr Sicherheit. Sondern eine negativere Grundstimmung. Wir warnen einander und verwandeln die Welt damit in eine, die aus Sorge und Schuld besteht, im Gegensatz zu einer Welt aus Mut und Lebensfreude.

Eine Welt aus Sorge und Schuld führt uns dagegen direkt in die Selbstoptimierungsfalle. Ein solches Umfeld verstärkt unsere eigenen Ängste, lockt uns in den Konsum von Produkten, die Sicherheit versprechen oder wenigstens etwas Trost.

Die Angst wird teuer

Sorgen waren früher die Probleme der anderen. So weit weg. Heute wirkt nichts mehr weit weg, wir kriegen alles mit, gerade die schwarzen Schwäne unter den Horrorgeschichten werden uns in den sozialen Medien serviert, als könnten sie uns jederzeit treffen: Japaner isst Sushi – Arm amputiert. So was.

Wir haben unsere Unbeschwertheit verloren, eingetauscht gegen das Wissen um alle Eventualitäten, die es abzuwenden gilt. Und das ist anstrengend. Es bleibt die Frage, die der Soziologe Ulrich Beck in seinem Werk »Risikogesellschaft« stellt:[16] Wie kann ich mich und die Meinen schützen? Beck schreibt dies in den Tagen der Tschernobyl-Katastrophe im Mai 1986. Die Gefahr der radioaktiven Wolke blieb unsichtbar, die Menschen waren abhängig von Wind und Regen. Sie lebten in Angst.

Heute sehen wir unsere Ängste vor uns. Nur müssten wir sie nicht fürchten, jedenfalls nicht in dem Ausmaß, wie es uns suggeriert wird. Und dass es uns suggeriert wird, macht uns krank. Ängste sind alltäglich geworden.

In unserem Gehirn löst dies spannende Prozesse aus. Machen wir uns Sorgen, aktivieren wir unseren Überlebenstrieb – egal, ob das nachts im kuscheligen Bett nun gerechtfertigt ist oder nicht. Die Amygdala wird aktiv, ein zweigeteilter Bereich in unserem Gehirn, der für Gefahr, Furcht und Emotion zuständig ist. »Mandelkern« ist ein schöneres Wort dafür. Sie alarmiert unseren Körper. Stresshormone werden ausgeschüttet, sie treiben Puls und Blutdruck in die Höhe. Die Bronchien weiten sich, wir atmen schneller. Unser Körper bereitet sich darauf vor, auf die Angst zu reagieren. Kampf oder Flucht.

Zu den Gedanken an unsere Sorgen kommt dann auch noch das sehr körperliche Gefühl der Unruhe. Das ist, als würden unsere dunklen Ideen uns angreifen, der Körper zurückschlagen und wir etwas hilflos in der Mitte stehen und zerrieben werden.

Alltagssorgen sind weniger extrem. Wir geraten nicht in Panik, wenn wir nicht perfekt sind. Aber es nagt an uns, dass wir möglicherweise nicht gut genug sein könnten, in welchem Lebensbereich auch immer. Das kostet Kraft. Und unser Urteilsvermögen leidet ebenfalls darunter. Wachsen sich die Sorgen zu einer generalisierten Angststörung aus, sind wir weniger in der Lage, gegenwärtige oder künftige Ereignisse zu bewerten. Übrigens gehen Psychologen davon aus, dass allein in Deutschland mehr als zwölf Millionen Menschen wenigstens zeitweise von krankhaften Ängsten betroffen sind. Und das sind nur die Menschen, die damit zum Arzt gingen. Drüber reden tun nur wenige, bestenfalls ein paar Influencer auf Instagram, und dann wirkt es irgendwie cool und ehrlich. Als wäre das perfekte Leben ohne einen schicken Schatten nicht perfekt genug. Selbst unsere Probleme werden zum Lifestyle-Produkt und ernsthaft Betroffene stehen ratlos daneben. Solche Trends sind gefährlich. Denn ist die Belastung Teil der Identität, ja, des aufmerksamkeitsträchtigen Images, dann lässt sie sich nur schwer bekämpfen.

Angst trübt das Urteilsvermögen

Und dann gibt es das andere Extrem. Im Alltag vieler Menschen ist die Erkenntnis noch nicht angekommen, dass Angst etwas Schlechtes ist, etwas Unnötiges, etwas, das wir anerkennen und bekämpfen sollten. Wir wollen stark sein und Angst ist der Gipfel der Schwäche. Deshalb geben wir sie ungern zu, vor allem vor uns selbst. Und eben weil wir nicht darüber reden, machen wir uns angreifbar. Unsere Kinder schützen wir, sagen: »Mach ihm keine Angst, er ist noch klein!« Unsere Erwachsenen schützen wir nicht mehr. Wer Angst verbreitet, der kümmert sich.

Das schadet uns.

Sorgen, wenn sie überhandnehmen, können ebenfalls körperliche Reaktionen der Angst auslösen. Ein ganz banales Beispiel ist das flaue Gefühl im Magen vor einer Prüfung, der zusammengepresste Kiefer, der leichte Kopfschmerz während einer fordernden Woche. Doch egal, wie gut oder schlecht wir vorbereitet sind: Bei den meisten Prüfungen im Leben sind unsere Überlebenschancen gut, während die Notwendigkeit zu kämpfen grundsätzlich sehr unwahrscheinlich ist.

Wer sich sorgt, der filtert seine Umgebung auf negative Ereignisse, auf potenzielle Gefahren. Wer sich zu dick fühlt, sieht seine Schönheit nicht mehr. Wer sich für einen schlechten Redner hält, vergisst vielleicht seine intellektuelle Brillanz. Wer sich für zu schwach hält, verbringt den Abend lieber vor dem Fernseher als mit Freunden.

Das Gute nehmen wir weniger wahr. Ganz reale Stressfaktoren wirken deshalb größer und beeinträchtigen uns stärker, während wir es nicht mehr wirklich schaffen, uns selbst Entwarnung zu geben. Das Leben wird dunkler. Und das schadet auch unseren Freundschaften, weil diese grauschwarze Brille uns dazu bringt, das Verhalten anderer stärker zu hinterfragen. Es löst eine Unsicherheit aus – oder das Gegenteil: Wir versuchen, uns an den vermeintlich so starken anderen festzuhalten. Eine Last, die diese gar nicht tragen können.

Der französische Humanist Michel de Montaigne schrieb im 16. Jahrhundert: »Mein Leben war voller schrecklicher Unglücke, von denen die meisten nie eingetreten sind.« Und das geht uns allen so. Glauben Sie nicht? Sorgen sind unvernünftig, das ist wissenschaftlich mittlerweile belegt. Ein Großteil der dunklen Visionen, mit denen das Gehirn uns foltert, werden niemals real. Wir sorgen uns, wenn nahe Verwandte im Flugzeug reisen, dabei ist schon ihr täglicher Arbeitsweg gefährlicher. Wir malen uns aus, wie wir scheitern an diesem einen wichtigen Tag im Job, an dem wir einmal glänzen müssten. Wir malen uns alle möglichen negativen Ergebnisse aus und freuen uns bloß nicht zu früh, damit wir später nicht enttäuscht werden.

Das ist ein bisschen feige. Und vielleicht sehr menschlich.

Aber es nimmt auch pathologische Züge an. Eine Studie[17,18] fragte nach den Sorgen von Menschen mit generalisierter Angststörung. Später hakten die Wissenschaftler noch einmal nach, ob die finsteren Ideen sich erfüllt hatten. In 85 Prozent der Fälle waren die Probanden verschont geblieben. Bleiben noch 15 Prozent. In diesen 15 Prozent waren 79 Prozent in der Lage, mit den Ereignissen fertig zu werden. Nur drei von hundert Sorgen der Teilnehmer waren also in ein tatsächliches negatives Ereignis gemündet. Was für eine unfassbare Verschwendung von Energie!

Nach dieser Studie habe ich mir als Allererstes Hörspiele auf mein Telefon geladen und Kopfhörer neben mein Bett gelegt. Wenn mein Gehirn sich nachts schon mit erfundenen Geschichten beschäftigen muss, dann sollen die wenigstens eine gute Bewertung im Internet haben. Für die nächtliche Endlosschleife aus *Du kannst es nicht, du schaffst es nicht, du bist wertlos* gibt's nicht mal mehr ein Mitleidssternchen.

Ängste – unsere eigenen und die der anderen – machen uns empfänglich für die Selbstoptimierungsbranche. Wir wollen uns wappnen, bereit sein. Wir versichern Risiken, die wir gar nicht einschätzen können, und zahlen dafür drauf. Wir kämpfen gegen Sorgen an, die nie real werden, und lassen uns von ihnen die Energie stehlen. Wir versuchen, besser zu werden, härter, und sehen dabei immer wieder neue Herausforderungen, denen wir gerecht werden müssen. Wir haben ein Ziel, aber wir erreichen das Gegenteil. Tatsächlich helfen wird uns dabei niemand, denn Angst ist ein ganz wunderbares Verkaufsargument. Mit »Was wäre, wenn«-Szenarios können gute Verkäufer heutzutage Kühlschränke in der Arktis verkaufen. Was wäre, wenn's taut?

Deshalb ist die Angst-Ökonomie, in der wir gerade leben, so gefährlich für uns. Wer über Angst Produkte verkaufen will, der versaut uns das Leben und wird genau damit reich.

Das Geschäft mit der Angst

»Ganz recht«, sagt Frank Underwood und blickt geradewegs in die Kamera. »Wir unterwerfen uns dem Terror nicht. Wir sind die Quelle des Terrors.«

Er sagt diese Worte in den letzten Sekunden der vierten Staffel der Serie »House of Cards«. Frank will Präsident der Vereinigten Staaten von Amerika werden, seine Frau Claire Vizepräsidentin. Und einige Serien-Momente zuvor ist ihnen klargeworden, dass sie niemals erfolgreich sein werden, wenn sie den Menschen ein gutes, sicheres Gefühl geben, etwas Glück im Leben, Jobs und Frieden. Glück ist nicht genug, wenn man nach ganz oben will. Was die Underwoods brauchen, ist Angst. Das Volk muss sich fürchten. Und es muss die Underwoods als Retter ansehen.

Das gleiche Prinzip funktioniert für Turnschuhe und Trump, Chia-Samen, Meditations-Apps, Babyphones mit Kamera und generell für alles, was uns unseriöse Apotheken als homöopathischen »Wirkstoff« verkaufen. In den 1950er-Jahren verkaufte man Autos, indem man eine attraktive Frau danebenstellte und dem Mann das Gefühl gab, er bekäme sie zum Wagen quasi gratis dazu. Aber »Sex sells« ist vorbei. »Fear sells« ist die Marketinglosung des 21. Jahrhunderts und das ist ein bisschen die Entschuldigung fürs Mittelalter: Aus Angst vor Gottes Strafe verloren die Menschen damals Jahrhunderte des Fortschritts. Ganz ähnlich funktioniert es mit der Homöopathie: Eine ganze Branche schürt die Angst vor moderner Medizin und verkauft stattdessen gezuckertes Wasser, das nur frei verkauft werden darf, weil alle Wirkstoffe bis zur Wirkungslosigkeit verdünnt sind. Teilfinanziert von deutschen Krankenkassen mit der Begründung: »Wir sehen, dass es von vielen Versicherten gewünscht wird«,[19] so formulierte es eine Sprecherin des BKK-Bundesverbands gegenüber der ZEIT.

Das ist Angst, direkt übersetzt in Konsum und sogar in finanzielle Entscheidungen von Körperschaften öffentlichen Rechts. Man stelle sich vor, dieses Geld flösse in die Erforschung wirksamer Medikamente. Angst kann lähmen, auch heute noch. Auf jeden Fall verteilt Angst Geld um, von einem sinnvollen Nutzen zu einem fragwürdigen Nutzen.

In anderen Bereichen treibt die Angst die Wirtschaft voran, finanziell, aber auch in der technischen Entwicklung.

3 Angst ist der neue Sex

Ist Angst im Spiel, bekommt der wüstentaugliche Großstadt-SUV noch zwei Airbags mehr, regelt seine Geschwindigkeit, parkt selbstständig ein und wieder aus und entscheidet dann vollkommen autonom, ob er mit seinem Kuhfänger lieber den Radfahrer umnieten will oder die Gruppe Fußgänger. Kann dem Fahrer aber alles egal sein – der hat nämlich für sein Überleben gut gezahlt. Und Sie wollen sich doch nicht ernsthaft später mal vorwerfen, dass Ihre Kinder den Unfall unbeschadet überstanden hätten, wenn Sie die 10.000 Euro extra für das ganz große Sicherheitspaket bezahlt hätten, oder?

Für Sicherheit zahlen wir jeden Preis

Sicherheit ist käuflich und dieser Idee sind nach oben keine Grenzen gesetzt. Vergessen Sie Chromfelgen und Ledersitze. Dass Konsumenten das kleine bisschen mehr Luxus nicht brauchen, das hat sich längst durchgesetzt. Das kleine bisschen Weniger fühlt sich sogar irgendwie schick an, so bescheiden, so, als wäre der große Konsum gar nicht mehr unser Ding.

Sicherheit können wir dagegen nie genug haben. Die Welt fühlt sich schnell an, laut, hart und bedrohlich. Sie macht uns Angst.

Angst ist der neue Sex. Sie ist zum Treibstoff unserer Wirtschaft geworden. Unternehmen dürfen sich das nur nicht anmerken lassen. Werbung funktioniert nur dann, wenn sie unsere geheimen Triebe anspricht, das aber nicht zu offensichtlich verrät. »Sex sells« ist deshalb passé, zu billig, ein Fall für den Werbe-Rat und irgendwie unter unserer Würde. Bei der Angstökonomie ist die Hürde höher. Die Wirksamkeit homöopathischer Präparate ist nicht nur widerlegt – sie ist überhaupt nicht eingeplant, war es nie.

Sonst dürften die meisten Produkte bei ihren großen Versprechen überhaupt nicht frei verkauft werden. Trotzdem läuft der Absatz. Das kleine »Vielleicht« ist einfach stärker. Wie eine junge Mutter einst zu mir sagte: »Wenn dein Kind krank ist, bist du froh, wenn du überhaupt was geben kannst.« So erziehen wir schon die Jüngsten dazu, ja nicht an die Fähigkeiten ihres Körpers zu glauben.

Das gleiche Konzept funktioniert für Waschmaschinen – kennen Sie die Werbung, in der die Maschine immer genau dann kaputtgeht, wenn es gerade gar nicht passt? Als gäbe es einen richtigen Zeitpunkt für eine kaputte Waschmaschine. Laut Werbung müssen wir dafür gut vorsorgen, am besten mit Wasserenthärter, am besten das Markenprodukt, nichts »Herkömmliches«. Die Reparatur ist nämlich sonst viel teurer als eine neue Maschine, und die Katastrophe ist groß.

Aber stellen Sie sich einmal den Imageschaden eines Unternehmens vor, dessen Marketing-Chef öffentlich damit zitiert wird, er verkaufe so viel, weil er den Menschen eine Heidenangst vor sehr seltenen Szenarien macht.

Was uns heute gegen die Angst verkauft wird, dient nicht wirklich dazu, sie uns zu nehmen. Was uns verkauft wird, schürt die Angst. Kaufen Sie die Geräteversicherung, sonst ist Ihr Geld verloren. Jede Investition könnte geeignet sein, das kleine bisschen Restrisiko noch weiter zu verkleinern. Tätigen wir sie nicht, sind wir zurück bei unserer Schuld. Doch solange ein Risiko bleibt oder wir nur daran glauben, dass es noch eines gibt, wird

Die Produkte schüren die Angst

diese Verkaufsmasche weiter funktionieren. Und wann immer wir uns verweigern, nagt das Wissen an uns: Ich habe nicht alles getan, was möglich war. Das ist nicht die Welt, in der ich leben will.

Im Jahr 2018 warb der VW-Automobilkonzern mit einem kleinen Vogelbaby für seine Autos. Stellen Sie sich das mal bildlich vor: Wir sehen einen Arm mit langem Falknerhandschuh und Teleskopstange in der Hand, etwa einen halben Meter lang. An der ist das Futter für das kleine Küken im Vogelkäfig befestigt. Der Vogel schaut irritiert darauf, und genau so stand ich auch davor. Darunter zu sehen: eine Miniatur eines VW-Stadt-Geländewagens. Darüber stand: »Auf einmal erscheint Ihnen alles andere zu riskant.« Selbst die Fütterung eines Kükens.

Angst eröffnet uns wunderbare Märkte. Und das potenziell endlos, denn eine neue Angst wird uns immer einfallen. Für die Konsumentenseite, für uns Menschen im Alltag ist das gefährlich. Die geschürte Angst belastet unsere Psyche, verlangt nach immer neuen Lösungen. Das macht unglücklich – und übrigens auch arm. Und unfrei. Wir müssen lernen, der Angst zu entsagen. Das gelingt, wenn wir die Mechanismen unseres Strebens nach Selbstoptimierung besser verstehen.

Von Maschinen:
Der Gegner wartet im Computer.
Und er ist bewaffnet.

4 Wir wissen nicht genug

Weniger Schlaf? Mehr Schritte? Mehr Sozialkontakte? Mehr Karriere, weniger Karriere? Wer ohne Ziel optimiert, der kann nicht vorhersehen, wo er hinkommt. Dann ist der Weg nicht das Ziel – sondern eine Verschwendung von Lebenszeit und Energie. Viel zu oft fehlen uns Disziplin und Fachwissen, um unsere eigene Big-Data-Persönlichkeit auszuwerten und zu optimieren. Und manchmal lassen wir uns lieber betrügen, als uns mit der komplexen Realität zu beschäftigen.

Der Weg ist nicht das Ziel. Das Ziel ist das Ziel.

Als ich studiert habe, war Selbstoptimierung noch kein sehr lautes Phänomen in unserer Gesellschaft. Man sprach einfach nicht darüber. Allerdings war ich eine Frau Anfang der Zwanziger und das braucht eigentlich keinen Begriff der Selbstoptimierung – wir machen das sowieso die ganze Zeit. Es ist so normal, dass wir in Rollenbilder hineingleiten und sie ausfüllen, dass es jahrzehntelang niemandem wirklich als Selbstoptimierung aufgefallen ist. Ich würde mich zu der Behauptung hinreißen lassen, von Selbstoptimierung sprechen wir nur, weil es jetzt Faltencreme für Männer gibt und sich die drölfzig Sorten Haargel ohne einen gewissen Gruppenzwang einfach nicht verkaufen lassen. Bei Frauen fängt es seit jeher im Alter von ungefähr 13 Jahren mit dem ersten Kajal-Stift an und geht dann ohne große Aufregung weiter bis ins Erwachsenenleben, wo es sich natürlich festsetzt, bis wir uns endlich über Botox und Hyaluronspritzen Gedanken machen. Früher war's bei Weitem nicht so ernst. Rückblickend erinnere ich mich an zwei Dinge, die mich im Studium beschäftigt haben: Essen und Sport. Vom einen wollte ich möglichst wenig, vom anderen möglichst viel. Das kann zu starken Zielkonflikten führen, vor allem, wenn man sich blöd dabei anstellt, und das tat ich. Viel Sport bei wenig Pasta ist einfach schwierig, vor allem, wenn man dabei nicht ständig Sterne sehen möchte.

Aber damals war das Leben noch einfach, auch wenn ich zu jener Zeit das Gegenteil behauptet hätte. Der Job reichte zum Leben, das Studium musste irgendwie laufen. Davon abgesehen hielt sich die Zahl der Zwänge in Grenzen. Mit Anfang der Zwanziger kommen wir im selbstbestimmten Leben an. Anfangs müssen wir einfach nur schwimmen. Das einfache Leben endet, wenn unsere Ansprüche steigen, die eigenen und die unseres Umfelds. Wir wollen mehr, machen mehr und dann – Überraschung! – wird's anstrengend.

Einige Jahre nach der Uni merkte ich, wie ganz erstaunlich sich Menschen anstellen, wenn sie erfolgreich sein wollen, im Leben, im Job, im Sport, mit Freunden, Partnern, sich selbst, Kunden, Chefs, Kollegen. Sie werfen ganz viele Bälle in die Luft und dann staunen sie, wenn die Schwerkraft zuschlägt.

Und ich bin immerhin ein Teil dieser Generation Y, der man doch nachsagt, dass sie vor allem eins will: Freizeit. Mit diesem Klischee stimmen ein paar Dinge nicht. Das liegt daran, dass es sich nur auf ein paar Einzelne bezieht, die die Personaler aber so nachhaltig schockiert haben, dass die damit gleich an die Presse gingen. Trendforscher und Sozialwissenschaftler machen dann ein großes Ding draus. Schnell die neue Norm verkünden, bevor sie vorbeigeflattert ist.

Die nächste Umfrage will sofort wissen, ob Ihnen eine Balance aus Arbeit und Leben wichtig ist (klingt gut: Haken dran), ob Sie gern Urlaub machen (na sicher) und wie Sie Arbeitgeber finden, die den Erfolg des Unternehmens für wichtiger halten als das Feierabendbier der Mitarbeiter (buuuuuh!). Und wenn dann alle lesen, dass alle anderen so was wollen, dann wollen sie es sofort auch wollen. Zack, haben Sie einen Trend.

Work-Life-Balance ist ein schöner Trend. Einer, der das Leben vor oder mindestens neben die Arbeit stellt; genau da gehört es hin. Doch Trends wie dieser lösen ein Problem in uns aus: Wir wollen wollen, was alle anderen wollen, weil es so wahnsinnig richtig klingt. Gleichzeitig wollen wir aber auch noch das, was wir wirklich wollen. Also: selbst wollen. Wir wollen so viel! Und so wird der Anforderungskatalog immer dicker. Und wenn wir ehrlich sind, ist auch ein wenig Neid dabei. Es klingt, als hätten es alle anderen schon geschafft, und das ist, bei all dem vielen Leben, das jeder von uns lebt, ein ganz schön unangenehmes Gefühl. Der Neid auf das Leben der anderen treibt uns tiefer in die Optimierung hinein, während wir gleichzeitig wissen, dass deren Leben doch ein ganz anderes ist. Nicht vergleichbar, eigentlich. Und sowieso keine Messlatte. Erfolg im Leben definiert nicht jeder gleich. Wir wissen das alles, doch wir blenden es aus, wenn das Gras nebenan grüner ist.

Wir wollen so viel

Wir leben in der »Du kannst alles haben«-Gesellschaft. Und das bedeutet: Alles, was du nicht hast, *könntest* du haben. Deine Nachbarn haben es vielleicht schon. Du nicht. Selbst schuld. Mach es halt besser. Und überleg dir mal, was du eigentlich willst. Vielleicht wärst du viel zufriedener, wenn du mal bessere Dinge wollen würdest – und dich entsprechend verhieltest. Überspitzt? Natürlich. Doch unser Unterbewusstsein tickt genau so.

Und das führt uns direkt in das nächste Problem hinein. Selbst wenn wir nur auf uns selbst schauen, entstehen Konflikte. Viele Erfolgsziele stehen einander mit Schwert und Lanze gegenüber und lassen auf keinen Fall eine Versöhnung zu.

Feierabend machen und Weiterarbeiten zum Beispiel. Diät und Muskelaufbau. Ganz schlechte Kombinationen, aber beeindruckend viele Menschen versuchen es immer wieder, als gäbe es da nicht *offensichtlich* ein kleines Problem. Wir wollen alles, aber »alles« ist in unserer Welt leider nicht frei kombinierbar. Doch so leicht geben wir ja nicht auf, dass wir uns von ein paar Fakten beeindrucken lassen.

Deshalb ist Strebsamkeit in unserer Zeit so absurd anstrengend: Wir streben nicht nur in eine Richtung. Die meisten Menschen streben gleich in mehrere, weil sie sich nicht entscheiden können, weil alle so wahnsinnig wichtig erscheinen. Vielleicht auch, weil ihnen Ziele aufgezwungen werden, vom Jurastudium, von ihren Familienverhältnissen, von bürokratischen Anforderungen.

Die Welt ist nicht gerecht. Das Leben erlaubt es nicht immer, nur in eine Richtung zu streben, selbst wenn wir das wollten – was wir in der Regel aber nicht tun. Genau deshalb werden die Jahre zwischen 30 und 40 als Rushhour des Lebens bezeichnet. Karriere machen wird verteufelt, gleichzeitig wollen so viele Menschen etwas erreichen: beruflich, sportlich, privat. In der Liebe. Für die Familie. Mit den besten Freunden. Sie wollen die Welt entdecken. Und dann soll auch noch der Rasen grün bleiben, das Gesicht faltenfrei und der Rücken gerade. Zwar werden unsere Tage seit Entstehung der Erde immer länger, doch in unserer Lebenszeit werden wir weiterhin mit ungefähr 24 Stunden auskommen müssen. Und unsere Energie ist begrenzt. Wir müssen sie uns einteilen.

Aber fangen wir doch mal bei Ihnen an.

Welches Ziel ist Ihnen gerade am wichtigsten? Ich unterstelle mal, dass Sie verhältnismäßig bequem irgendwo sitzen. Zu den wertvollsten Zielen zählt vielleicht etwas wie »mehr Lesen«, »mehr Weiterbildung«, »mehr Zeit für sich selbst«? Möglicherweise ist genau das der Grund, warum Sie dieses Buch in die Hand genommen haben. Bücher sind immer »Zeit für sich selbst«, das macht sie so wunderbar. Und ich finde, das sind großartige Ziele, alles, was mit persönlicher Entwicklung zu tun hat, ist ein großartiges Ziel. Aber sind das auch die Dinge, die Ihnen am wichtigsten sind, wenn Sie im Supermarkt stehen? Wenn Sie im Job wieder für diese eine Sache kämpfen? Vielleicht ist es im Berufsleben eher die nächste Gehaltserhöhung, mehr Wertschätzung, eine Position mit mehr Kundenkontakt? Eine Position ganz ohne Kundenkontakt?

Auch das sind großartige Ziele, auch wenn wir das manchmal gar nicht mehr laut sagen wollen. Ich wurde im Studium unter Juristen und Wirtschaftswissenschaftlern sozialisiert, der allgemeine Karriere-Ekel-Reflex liegt mir daher fern. Trotzdem heißt der Trend: Leben geht vor Karriere. Finde ich auch – gilt aber nicht zu jeder Zeit.

Selbst ein grünerer Rasen kann ein wunderbares Ziel sein. Ihre Ziele sind ja nicht meine Baustelle, müssen Sie selber wissen. Ihr Rasen steht an einem regnerischen Tag im Job eher weiter unten auf der Prioritäten-Liste, schätze ich mal.

Aber Sie werden einfach nicht weiterkommen, wenn Sie wie alle anderen immer nur Ihren aktuellen Ideen vom Leben hinterherlaufen. Stellen Sie sich Ihren Kopf als Schulbus voller Kinder vor. Wer ständig versucht, das

Beste aus seinem Leben herauszuholen, verhält sich wie der Busfahrer, der jedes Kind bis vor die Haustür bringen will und immer dem folgt, das gerade am lautesten »Hier links!« ruft. Das führt ins Chaos und irgendwann ist der Sprit alle und weder der Bus noch Sie selbst sind irgendwo angekommen.

Genau das Gleiche passiert in unseren Köpfen – und als Folge knickt irgendwann auch der Körper ein. Haben Sie sich schon mal nach einem langen Tag gefragt, was Sie eigentlich gemacht haben? Keine Ahnung? Aber es war irgendwie anstrengend? Dann haben Sie wieder einmal vor lauter Kleinigkeiten den Fokus verloren. Es gibt Tage, an denen wir versuchen, uns zu zerreißen. Und am Ende kommt nichts Ganzes dabei heraus.

Manche Ziele sind nicht kompatibel

Das sind die Tage, an denen wir allen Anforderungen gerecht werden, auf jede E-Mail reagieren, jeden Kunden sofort glücklich machen. Wer unkonzentriert ist, der hat am Ende des Tages öfter vergessen, was er getan hat. Ernsthaft, da gibt es Studien zu. Nach solchen Tagen spüren wir aber umso deutlicher, wie viel Energie die vergangenen Stunden gekostet haben.

Ob diese Idee auf die großen Ziele im Leben übertragbar ist, hat noch niemand erforscht, leider. Rechnen wir die Probleme langer Tage aber auf ganze Jahre hoch, dann sind es verlorene Jahre. Es sind Jahre, in denen Sie alle möglichen Ziele verfolgen, von denen jedes verdammt gut klingt. Doch der Weg ist nicht das Ziel, nicht in jedem Lebensbereich. Wenn Sie eine regelmäßige Läuferin werden wollen, *dann* ist der Weg das Ziel. Wenn Sie zehn Kilometer in unter 45 Minuten schaffen wollen, dann ist das Ziel das Ziel. Wenn Sie sich zwischendurch überlegen, dass der Wanderpokal im Badminton irgendwie geiler wäre, dann verdoppeln Sie entweder Ihr Zeitbudget für Sport. Oder Sie gestehen sich ein, dass beide Ziele nicht kompatibel sind. Priorisieren Sie! Das Eckbüro haben Sie, oder Sie haben es nicht. Sie können sich auf Schwedisch unterhalten, oder Sie können es nicht. Sie werden Ihre Ziele aber niemals erreichen, wenn immer wieder ein neues dazwischenkommt.

Es ist Fluch und Segen unserer Zeit, dass alle ständig unterwegs sind, egal ob körperlich oder nur in Gedanken. Niemand mag Stillstand. Das ist okay. Doch während uns ständig neue Ziele vorgeschlagen werden, hat noch niemand verraten, wie wir mit diesem Gewirr von Optionen umgehen sollen. Wir müssen es uns also selbst beibringen. Wir müssen lernen, Prioritäten zu setzen, und wir müssen lernen, unsere Ziele beizubehalten. Das gilt sogar für so unpopuläre Ziele wie »Karriere machen« oder »den Haushalt im Griff haben«. Ganz egal. Es geht nicht darum, nur ein Ziel im Leben zu haben, darum ging es noch nie. Schon gar nicht geht es darum, die eine große Sache fürs Leben zu finden, oder die fünf, wie es Ratgeber-Autor John Strelecky[20] vorschlägt. Ziele dürfen sich ändern, sie müssen es sogar, denn wenn unser Leben sich ändert, dann ändert sich, was wichtig für uns ist. Ziele müssen nicht groß sein oder weit entfernt. Doch je größer, je ferner das Ziel, desto mehr Zeit braucht es, desto mehr müssen wir uns darauf einlassen. Wir müssen lernen zu priorisieren. Wenn Sie Priorisieren priorisieren wollen, finden Sie in

Kapitel 7 mehr zu diesem Thema, aber bitte bleiben Sie trotzdem noch einen Moment hier. Erst, wenn wir genau wissen, was wir wollen und warum wir es wollen, können wir überhaupt in diese Richtung gehen. Und nur, wenn wir zu diesem Ziel stehen, können wir ankommen.

Ansonsten biegen wir immer wieder ab. Das frustriert, das kostet Energie – und es bringt uns ganz sicher nirgendwohin. Am Ende laufen wir nur wieder Menschen hinterher, die es auch nicht besser wissen.

Wir vertrauen am liebsten den Idioten

Wir starten mal ein kleines Gedankenexperiment. Bitte antworten Sie spontan.

Haben Sie Angst vor Haien?
Haben Sie Angst vor Ihrem Smartphone?
Wovor haben Sie mehr Angst? Hai oder Smartphone?
Und wie begründen Sie das?

Menschen haben mehr Angst vor Haien als vor Smartphones und sie warnen einander auch viel lieber vor Haien als vor Smartphones. Plastische Sorgen nehmen wir intensiver wahr – Hai, Zähne, Blut, das können wir uns vorstellen. Smartphones töten? Abstraktes Szenario.

Ebenso glauben wir den Menschen, die uns die Welt schlicht und einfach erklären – ohne diese ganzen komplexen Aspekte der Realität. Dabei sind die Haie vergleichsweise unschuldig. Sie haben bedeutend weniger Menschen gefressen, als der Smartphone-Gebrauch an

Todesfällen ausgelöst hat. Sie müssen noch nicht einmal selbst am Display kleben – vielleicht tut's der Kerl im Auto neben Ihnen und drängt Sie von der Straße. Oder Sie stehen an der Ampel und schauen aufs Display statt über die Schulter und ein Auto erwischt Sie beim Abbiegen, weil Sie beide gleichzeitig Grün haben.

Manche Leute wollen auf Biegen und Brechen ein glückliches, erfolgreiches Berufsleben führen – und versacken deshalb abends vor dem Fernseher, verschlingen den Lunch am Schreibtisch und haben für ihre Freunde keine Zeit mehr. So sieht das Gegenteil von Glück aus und das absolute Gegenteil eines optimalen Lebens. Meine Recherchen zu »Die Entdeckung des Glücks«[21] haben mir erst vor Augen geführt, wie vielen Irrtümern wir im Leben unterliegen und wie wahnsinnig unglücklich wir uns selbst machen. Eigentlich haben wir gar keine Ahnung, wie gute Lebensführung funktioniert. Deshalb suchen wir auch so verzweifelt danach.

Das wird besonders deutlich bei den Menschen, die versuchen, ihre Tage und ihren Körper in Daten zu quetschen. Gerade Sportler kennen gern jede Kennzahl, die irgendwie relevant sein könnte, selbst Freizeitsportler, selbst Menschen, die sich einreden, sie wären es, und damit ihren Abend auf der Couch rechtfertigen, jeden Tag aufs Neue. Informationen zu interessanten Kennzahlen sind alle da, schauen Sie ins Internet. Körperfett zum Beispiel. Organfett. Ruhepuls und Maximalbelastung, biologisches Alter, Wasseranteil, Knochenmasse, Muskelgewicht, Grundumsatz, exakter Bedarf an Eiweiß, Kohlenhydraten und Fett, ich könnte ewig weitermachen. Und alle diese Werte gilt es zu optimieren.

#4 Wir wissen nicht genug

Selbst Mediziner und Wissenschaftler tun sich schwer damit. Ja, alle paar Wochen kommt von den Universitäten eine neue Erkenntnis zum Thema Bewegung, Ernährung, Körperoptimierung. Doch wenn alle diese Forschungsergebnisse für immer gültig wären, wären wir irgendwann in den 1970er-Jahren fertig mit der Erkenntnis gewesen, und heute wären wir allwissend. Stattdessen kommt ständig etwas Neues. Dafür gibt es verschiedene Gründe.

So ein Forscher optimiert seine Karriere, indem er Neuigkeiten verkündet. Hat er keine Neuigkeiten, muss er welche finden. Die findet er in Details oder in besonders kreativem Studiendesign. Oder indem er behauptet, andere Experimente seien falsch konzipiert gewesen und seine Vorgehensweise sei die einzig richtige. Das mag sogar stimmen – nur kann das jeder von sich behaupten. Und wie in der Juristerei sind Wissenschaftler ganz hervorragend darin, gute Argumente für jede beliebige Position zu finden. Darüber schreibt dann ein Doktorand einen Forschungsaufsatz und die Universität gibt eine kleine Pressemitteilung heraus. Die bahnbrechende Erkenntnis solcher Experimente steht meist schon in einer knackigen Überschrift. Und glauben Sie mir, Universitäten werden immer besser darin, knackige Überschriften zu finden. Knackige Überschriften sichern das Überleben, ganz egal, ob Sie Wissenschaft verkaufen oder Würstchen.

Gute Gründe für alles, was Sie wollen

Dies ist auf keinen Fall ein Plädoyer gegen die Wissenschaft. Es ist eine Warnung. Und keinesfalls sind alle Studien Unfug. Es gibt richtig gute, aussagekräftige Forschungsarbeiten. Sie haben unsere Gesellschaft vorangebracht und sie sind der Grund, warum viele Menschen am Leben sind, die es ohne kluge Forschung nicht wären. Dafür werden Hunderte Menschen beobachtet oder Tausende, Zehntausende befragt. Und am Ende steht etwas, das wenigstens für den Moment belastbar ist.

Für den Moment. Das bringt mich zum nächsten Problem unserer Erkenntnisse über Gesundheit: Wenn die Welt sich verändert, ändert sich manchmal auch die Wahrheit.

Menschen, ich erwähnte es, existieren in ihrem Kontext, und genau das Gleiche gilt fürs Optimum auch. Das ist der zweite Grund, aus dem das mit den allgemeingültigen wissenschaftlichen Erkenntnissen zum gesunden Leben bislang nicht vorangeht. Mag ja sein, dass Sie als Student super leistungsfähig waren, wenn Sie sich nach der durchzechten Nacht Kaffee und Aspirin reingeschossen haben. Spätestens mit Anfang Ihrer Dreißiger, vertrauen Sie mir, sollten Sie alle beteiligten Substanzen öfter mal durch Wasser ersetzen, Ihr Körper wird's Ihnen tagelang danken. Und vielleicht ist das Leben Ihrer besten Freundin wirklich ein anderes geworden, als sie endlich die Pasta weggelassen hat. Es ist eine gute Geschichte! Absolut medientauglich, wenn sie mich fragen. Die Leser würden es lieben. Nur muss das deshalb bei Ihnen nicht genauso funktionieren.

Wir können die Erkenntnisse einzelner anderer Menschen nicht auf uns übertragen. Wir können noch nicht einmal unsere Erfahrungen aus unserer eigenen Jugend auf uns selbst übertragen.

Aber wir würden so gern. Und das macht die Selbstoptimierung so schwierig. So unbefriedigend. Und oft genug auch so erfolglos. Sie hat ganz viel mit uns selbst zu tun, das verrät uns der Begriff. Wir beschäftigen uns aber lieber mit den Erfahrungen anderer. Weil es so wehtun kann, einfach mal auf den eigenen Körper zu hören. Und weil es so unbefriedigend ist, dass es in einer komplexen Welt keine simplen Lösungen gibt. Gerade weil wir mittlerweile wissen, dass Wissenschaft gewissen Bedingungen unterliegt. Von der Frage nach den Forschungsgeldern will ich gar nicht erst anfangen. Dann klingt doch der Erfahrungsbericht viel plausibler, nicht wahr? Mag sein, dass irgendwelche Forscher mit Tausenden Probanden bewiesen haben, dass ein ganzes halbes Prozent der Deutschen kein Gluten verträgt, 99,5 Prozent dagegen schon. Wenn Sie Weizeneiweiße weglassen, stehen die Chancen also 199 zu eins, dass sich nichts ändert. Doch diese tausend Probanden sind weit weg und die Wissenschaftler können die meisten Menschen auch nicht fragen.

Was ist also die total logische Konsequenz aus diesen Überlegungen? Genau. Wissenschaftler sind alles Lügner, Studien gekauft, Forschung betrifft mich nicht, ich halte mich lieber an das, was ich sehe. Geben Sie's einfach zu. Einem guten Teil von Ihnen ist dieser Gedanke gerade gekommen, wenigstens in abgewandelter Form. Und dann kommt Ihr Kumpel Lukas, oder wer auch immer, mit seiner Anti-Pasta-Diät um die Ecke und DAS ist der Moment, auf den Sie immer gewartet haben. Nicht irgendeine Masse von Menschen, nein, hier direkt vor Ihren Augen ist endlich der Beweis. Okay, es gab da mal diese Studie mit Daten von mehr als 110.000 Menschen, laut der Glutenverzicht für gesunde Menschen gefährlich sein kann,[22] aber was direkt vor Ihren Augen passiert, das muss ja wahr sein. Sie haben es schließlich miterlebt.

Dann fragen Sie sich doch mal, was Ihr Freund eigentlich über Ihren Körper weiß. Und wie oft er sein Anti-Gluten-Experiment schon durchgeführt hat. Vermutlich genau ein Mal. Vielleicht mehrfach, dann aber nur mit seinem eigenen Körper. Sein Wissen über Ihren Körper: in den meisten Fällen begrenzt. Die meisten Menschen wissen ja noch nicht einmal über ihren eigenen Körper wirklich Bescheid. Dass das jetzt für alle gelten soll, ist ungefähr so glaubwürdig wie junge Eltern, die auf Homöopathie gegen Kinderlähmung schwören. Dass eine Person etwas beobachtet hat, bedeutet einfach nicht, dass es für alle gilt. 1 ist eine verdammt kleine Stichprobengröße für 7,5 Milliarden Menschen.

Wir vertrauen am liebsten den Menschen mit den einfachsten Botschaften. Das ist das Problem seriöser Wissenschaftler: Ihre Botschaften sind immer mit einem Aber verknüpft. Das müssen sie sein, denn so funktioniert die Welt. Menschen sind unterschiedlich. Selbst innerhalb unserer Familie stellen wir Unterschiede fest, dabei gibt es im kleineren Kreis wenigstens eine gewisse genetische Ähnlichkeit. Es gibt Dinge, die sich für eine große Zahl von Menschen beobachten lassen – zum Beispiel, dass die meisten Leute bedenkenlos Weizenspaghetti essen können, sieht man von den eher mittelprächtigen Nährwerten einmal ab.

Selbstdiagnose ist oft unmöglich

Das gleiche Prinzip funktioniert beim Sport, bei Diäten, bei komplexen Erkrankungen wie Arthrose oder Migräne. Die Menschen wünschen sich eine »So einfach ist es eigentlich«-Erklärung. Gerade in der komplizierten Welt wünschen wir uns, wir hätten die simple Lösung bislang einfach nur noch nicht gehört, als gäbe es diese kleine Kleinigkeit, die wir nur ändern müssten. Deshalb suchen wir weiter, wir fragen weiter, wir akzeptieren die komplexe Wahrheit nicht, weil es uns nicht in den Kopf hineinwill, dass die Welt ist, wie sie ist. Es wäre so viel besser, wenn die komplizierte Welt uns nur vorgelogen worden wäre, wenn man uns das Geheimnis bislang einfach nur nicht verraten hätte.

Aber so ist es nicht.

Die Welt ist kompliziert.

Das Leben ist kompliziert.

Körper sind kompliziert.

Die Psyche ist kompliziert.

Das Glück, die Liebe, die Gedanken des Chefs, die Wege des Herrn, wenn Sie daran glauben möchten, Blutwerte, Haarstruktur, alles.

Alles ist furchtbar kompliziert.

Das ist aber nicht schlimm! Kein Grund zu verzagen, kein Grund, verschreckt zu sein. Und auf keinen Fall ein Grund, auf simple Lösungen zu hören! Es ist in Ordnung, dass die Welt schwierig ist. Wir sind dem gewachsen. Wenn wir uns nur auf zwei simple Wahrheiten einlassen: Wir wissen einfach nicht genug, und die Dinge, die wir wissen könnten, die halten wir von uns fern, weil wir so sehnsuchtsvoll nach den simplen Lösungen gieren. Wer schlauer werden will, der muss seine Wissenslücken akzeptieren. Und Scharlatane der Einfachheit enttarnen. Natürlich wäre es schön, wenn Smartphones weniger gefährlich wären als Haie. Aber so ist es nicht. Natürlich wäre es toll, wenn uns vier Episoden der Lieblingsserie nach einem harten Arbeitstag Kraft tanken ließen. Aber so ist es nicht. Und die Sache mit dem Gluten und der Homöopathie, die recherchieren Sie bitte selbst. Aber nicht im Freundeskreis. Es sei denn, Sie sind mit Ärzten befreundet.

Professor Doktor Ich

Wir sind leider alle nicht in der Lage, uns selbst zu optimieren. Es geht nicht. Wir wissen nicht genug. Selbst wenn es uns gelingt, ein gutes Ziel zu definieren – und wie gesagt dürfte uns das oft genug ziemlich schwerfallen, wenn wir denn überhaupt daran denken –, selbst dann bräuchten wir noch eine große Masse an Informationen, um auf dieses Ziel hinzuarbeiten. Und dann müssten wir noch in der Lage sein, diese Informationen in zielorientierte Handlungen umzusetzen.

Einen Scheiß wissen wir.

Das haben uns Astrophysiker voraus. Sie wissen schon, die richtigen Nerds, die vor Teleskopen rumhängen und von denen Journalisten behaupten, sie hätten Bohrkerne ins All geschnitten und dadurch in die Vergangenheit geblickt. Astrophysiker haben etwas wahnsinnig Schlaues: keine Ahnung. Das Wissen, nichts zu wissen, treibt sie an und deshalb schauen sie weiter ins All und versuchen herauszufinden, seit wann es uns Menschen gibt, warum, warum nicht woanders und wie lange wohl noch. Wissenschaftliche Erkenntnis heißt in ihrem Fall: Auf einem Planeten außerhalb des Sonnensystems, den folglich niemand sehen kann, weil er zu weit weg ist, der aber vermutlich existiert, denn alle paar Tage flackert der Stern des Planeten kurz ein Quäntchen weniger, gibt es, falls er existiert, eine bestimmte Konzentration irgendwelcher Stoffe in der Luft, es sei denn, es sind andere Stoffe mit ähnlichen Eigenschaften, von denen wir aber noch nichts wissen. Also falls es den Planeten gibt und falls die Berechnungen stimmen, könnte dort theoretisch etwas leben, vielleicht.

Das kommt Ihnen total sinnlos vor?

Ich halte es für wahnsinnig klug. Jedenfalls ist es klüger, als nach einer Studie mit X Probanden irgendwas zu behaupten, was rund um die Welt für alle Menschen gelten soll. X ist oft genug eher klein und die Probanden sind sehr oft Erstsemester-Studenten, die zur Teilnahme am Experiment gezwungen wurden. Dieses Experiment soll etwas nie Dagewesenes beweisen. Und tatsächlich zeigt die Statistik irgendein Detail, das vorher noch nie ein Wissenschaftler gesehen hat, und wenn doch, dann zumindest nicht genau so. Wow. Spannend.

Weitere Forschung ist notwendig

Erfahrungen aus dem Leben eines Erstsemester-Studenten sollte kein Erwachsener heranziehen, wenn es um die Verbesserung des eigenen Lebens gilt. Ganz blöde Idee.

Wenn Sie einen Humanwissenschaftler danach fragen, dann sehen die das übrigens ganz genau so. Diese Studien sind erste Experimente. Sie dienen dazu, uns eine Idee von der Welt und uns Menschen zu geben. Der Schlüsselsatz in den Studien heißt dann: »Further research is needed« – weitere Forschung ist notwendig. Das bedeutet so viel wie:

Alle Ihre Nachbarn leben in derselben Straße wie Sie, aber ob das auf die Bewohner der ganzen Stadt zutrifft, muss erst noch herausgefunden werden. Und Funfact: Viele Experimente werden mit ausschließlich männlichen Probanden durchgeführt. Weil der weibliche Zyklus die Ergebnisse verfälschen könnte. Manchmal frage ich mich, ob mein Zyklus mein Leben vielleicht auch verfälscht.

Als Wissenschaftsjournalistin sitzt man dann vorm Rechner und kaut die Haut hinter der Oberlippe ab. So ein schönes Thema. Und so ein schönes Ergebnis. Ich sehe die Klicks schon vor mir. Und was für 21 im Schnitt 21 Jahre alte männliche Erstsemesterstudenten einer amerikanischen Wildwest-Universität gilt, das müsste man doch auf die 35 Jahre alte Start-up-Hipsterin in Berlin übertragen können. Oder? Nein.

Körper sind komplex, viele Faktoren spielen zusammen. Und Wahrheiten über Gesundheit ändern sich. Die Forschung ist an einem historischen Punkt, an dem viele Dinge festgestellt werden, bei denen wir davon ausgehen können, dass sie *wirklich* stimmen. Gleichzeitig halten sich die Mythen – auch weil sie so wahnsinnig bequem sind.

Für den Moment gilt: Wir wissen einfach nicht genug, um uns selbst zu optimieren. Ist okay. Perfektion ist nicht erreichbar, weil niemand all die kleinen Dinge in Körper und Seele permanent im Blick haben kann, sodass sie funktionieren und sodass die Wechselwirkungen auch noch stabil bleiben. Das Einzige, das das ein klein wenig kann, ist unser Gehirn. Das wiederum arbeitet dann am besten, wenn wir ihm nicht mit irgendwelchen Moden dazwischenfunken.

Manche Dinge tut unser Gehirn am liebsten unbeobachtet. Stellen Sie sich nur den Stress vor, den sich manche Menschen machen, wenn ihre Schlafstatistiken von einer wie auch immer gearteten Norm abweichen. Meine Schlafwerte tun das übrigens ständig. Mir fehlt der Tiefschlaf. Das ist die Phase, in der wir uns körperlich erholen. Müdigkeit, Abgeschlagenheit und Konzentrationsschwäche drohen, wenn es beim Tiefschlaf hapert. Tiefschlafmangel schlägt uns direkt auf die Leistungsfähigkeit.

Das Gehirn arbeitet am besten allein

Der Schlafforscher Daniel Gartenberg hat die Daten der Sportuhren von Fitbit mit den Gehirnströmen der Schlafenden verglichen. »Fitbit kann sehr gut unterscheiden, ob die Menschen schlafen oder wach sind«, sagte er dem Magazin »Quartz«.[23] Doch die Uhren tun noch mehr. Sie verraten uns auch, wann und wie lange wir im Tiefschlaf waren, im REM-Schlaf oder im leichten Schlaf, zumindest behaupten sie das. Gartenberg sagt: »Im Grunde ist jedes Gerät, das den Herzrhythmus misst, vollkommen ungenau, zum Beispiel auch die Apple Watch.«

Selbst Datensammler wissen also nicht genug über ihren eigenen Körper, weil die Messungen lang nicht so akkurat sind, wie die Geräte und Apps es uns glauben lassen. »Fitbit verursacht sogar noch größere Probleme«, sagt Gartenberg. Es macht uns Stress. »Du denkst, du bekommst nicht genug Tiefschlaf – dabei ist das Gerät nicht einmal gut darin, die Schlafstadien korrekt zu messen.«

Schlafen Sie, wenn Sie müde sind, jedenfalls so gut es

Ihr Leben zulässt. Verzeihen Sie sich suboptimalen Schlaf, denn wenn Sie noch Unzufriedenheit draufschütten, wird das Gefühl nicht besser.

Essen Sie, wenn Sie Hunger haben. Stehen Sie auf, wenn Sie einen Bewegungsdrang verspüren. Und lernen Sie, Gefühle wie diese wahrzunehmen. Vielleicht ist das schon die ganze Optimierung, die Sie brauchen. Auch wenn die Masse der Menschen sehr gern etwas ganz anderes erzählt.

Gemeinsam sind wir dumm

»Alexa, wie hoch ist der Kölner Dom?«

Alexa, die künstliche Intelligenz in meinem Wohnzimmer, braucht einen Moment, bis sie mein Genuschel verstanden hat. Die Antwort hat sie dann sofort parat und verrät sie mit routinierter Arroganz. Und Sie? Wissen Sie, wie hoch der Kölner Dom ist? Schätzen Sie doch mal. Und nicht nachgucken, ich denke mir ja was bei diesem Experiment. Es ist in ähnlicher Form schon sehr oft durchgeführt worden und wir können etwas daraus lernen.

Haben Sie eine Zahl? Gut. Merken Sie sich die unbedingt, die wird später noch wichtig.

Wir machen weiter.

Ich gebe Ihnen einen Hinweis. Neun andere Leute, die ich auch gefragt habe, sagten mir ebenfalls Zahlen. Der Durchschnitt ihrer Antworten beträgt knapp 215 Meter. Die Summe ist 1930. Wenn Sie Ihre Schätzung draufrechnen und die letzte Ziffer streichen, haben Sie einen guten Näherungswert für den Durchschnitt.

Und, bleiben Sie bei Ihrer ersten Überlegung? Vielleicht wollen Sie jetzt ein wenig korrigieren, das ist in Ordnung.

Jetzt haben Sie eine zweite Schätzung. Die darf natürlich mit der ersten identisch sein.

Hier sind die Angaben meiner Freunde:
200 Meter
250 Meter
150 Meter
180 Meter
160 Meter
350 Meter
180 Meter
300 Meter
160 Meter

Korrigieren Sie? Oder bleiben Sie bei Ihrer Einschätzung? Lassen Sie sich gern Zeit.

Fertig? Gut. Das ist Ihre dritte Schätzung. Merken, bitte.

Sie brauchen gar nicht zu spicken, ich verrate die Lösung erst später. Und keine Sorge, ich will Sie mit diesem Experiment nicht vorführen. Das Gegenteil ist der Fall.

Zu einem ganz ähnlichen Experiment haben Sozialwissenschaftler der ETH Zürich gebeten,[24] eine der besten Universitäten Europas. Und ja: Das ist ein Studenten-Experiment. 144 Teilnehmer waren dabei. Ich erzähle davon, weil es richtungsweisend ist. Weil Ähnliches in verschiedenen Experimenten mit verschiedenen Teilnehmern immer wieder beobachtet worden ist. Und weil die Ergebnisse möglicherweise ein Verhalten entlarven, das jedem Einzelnen von uns gegeben ist – und das deshalb die ganze Gesellschaft betrifft.

Die jungen Schweizer sollten verschiedene Werte schätzen. Wie lang ist die Grenze zwischen der Schweiz und Italien? Wie viele Morde gab es fünf Jahre zuvor? Und so weiter. Zahlen, die einem möglicherweise vertraut erscheinen, die sich aber kaum ein Mensch merken kann. Wissen, das viel zu selten abgefragt wird, um schnell abrufbar zu sein.

Wie eben die Höhe des Kölner Doms. Haben Sie bestimmt schon mal gehört. Aber gemerkt? Ihr Gehirn hat gar keinen Grund, die Zahl verfügbar zu halten. Würde ich es Ihnen verraten, würden viele vermutlich »Ach ja!« rufen.

Im Schweizer Experiment bekamen die Teilnehmer entweder einen Mittelwert aller Schätzungen vorgelegt oder sogar alle einzelnen Nennungen, so wie wir es hier gehalten haben. Der Gedanke dahinter ist simpel: Der Einzelne mag eine ungefähre Vorstellung von den Werten haben. Die Masse müsste doch aber im Durchschnitt richtigliegen. So denken Ökonomen nun einmal. Im Durchschnitt sind die Menschen schlau, so weit die Idee. Ganz ähnlich funktioniert die Bewertung von Aktien, Staatsanleihen und anderen Produkten. Und spätestens jetzt klingelt es, oder?

Vorsicht vor der Schwarmintelligenz

Einige Menschen sind unsicher, sie verkaufen. Andere Menschen sind optimistisch, sie kaufen. Und am Ende steht ein Wert, der möglichst gut wiedergeben soll, was ein Wertpapier tatsächlich wert ist. Stimmt?

Stimmt nicht.

4 Wir wissen nicht genug

Pessimismus und Optimismus sind ganz schlechte Ratgeber, wenn es um die Bewertung von Sachwerten geht. Und der Glaube an die Bewertung der Märkte hat uns eine der schlimmsten Wirtschaftskrisen der Geschichte bereitet – und viele ganz normale Menschen wie Sie und mich absurd große Anteile ihrer Ersparnisse gekostet. Wir vertrauten der Masse. Schön blöd. Denken Sie nur einmal an die Tulpenmanie in den Niederlanden, etwa ab 1630: Die Züchter brachten immer spektakulärere Sorten auf den Markt und plötzlich stieg der Wert ins Unermessliche. Nicht, weil irgendjemand glaubte, Tulpen seien viel wert. Sondern weil jedermann davon überzeugt war, jemanden zu finden, der ihm das Recht an der Tulpenzwiebel teurer abkaufte, als er sie erstanden hatte. Und weil jeder an die Dummheit der anderen glaubte, verloren sie alle – zumindest ihr Urteilsvermögen.

Wertpapierpreise zeigen nur eins: Was der Markt gerade erwartet. Mit dem Sachwert dahinter, mit realen Bedingungen, hat das nur zu einem kleinen Teil etwas zu tun. Dafür ist unser Wissen zu begrenzt und unser Glaube an unsere Vorhersagefähigkeit zu groß. Zack. Wirtschaftskrise.

Heute haben wir den Glauben an die Fähigkeiten der Gruppe zu etwas Heiligem erhoben. Man muss sich doch fragen: Warum eigentlich?

Der Mathematiker Gunter Dueck schrieb über dieses Phänomen: »Als Einzelne sind wir klug und stark, aber als Team spinnen wir. Wir agieren als Unternehmen, als Team, als Gremium oder als Partei gemeinschaftlich so, wie wir es einzeln als Mensch ohne Fesseln und Zwänge nie täten. Wir sind ein aktiver Teil eines Ganzen, das gegen all das handelt, was unsere persönliche Intelligenz und unser eigenes Herz uns raten.«[25]

Ganz schön hart? Dass wir in Gruppen dümmer sind, wird seit gut 60 Jahren in verschiedenen Experimenten immer wieder neu festgestellt. Aber Hauptsache, wir erziehen unsere Kinder lieber zu Teamarbeit als zum Vertrauen in ihre eigenen Fähigkeiten. Teamfähigkeit steht in jedem Jobprofil. »Wir suchen Leute, die einfach verdammt schlau sind«, hat noch nie jemand gesagt. Und haben Sie schon mal einem potenziellen Chef gesagt, wie geil Ihre Lösungen sind, wenn man Sie mal zwei Tage in Ruhe nachdenken lässt?

Teamfähigkeit geht uns vor Leistung

Tja.

Dabei kenne ich wirklich viele Menschen, die genau so sind. Die überleben in Teams, aber sie glänzen, wenn man sie mal ihre Arbeit machen lässt. Wir müssen so teamfähig sein, wir trauen uns gar nicht mehr, unsere eigene Genialität auch nur festzustellen. Und falls es aus Versehen geschieht, dann darf's auf keinen Fall jemand erfahren. Deshalb streben wir auf unserem Weg zum charakterlichen Optimum nach etwas, das nicht jedem gegeben ist – und das eigentlich niemandem dient. Noch dazu wollen wir uns damit einer Masse anpassen, die es gar nicht besser weiß. Wir trauen uns nicht, abzuweichen. Es ist aus jeder Perspektive abstrus.

Vielleicht wissen Sie sogar, wie lang die Elbe ist, wie hoch der Brocken oder wie tief der Bodensee. Wie viele Menschen in Berlin auf einem Quadratkilometer leben und wie viele Verkehrsunfälle es im Jahr 2012 gab. Die Masse der Menschen weiß das aber nicht, das geht den Schweizern ganz ähnlich. Deshalb liegen die Schätzungen oft daneben. Und die, die es wissen oder wenigstens ungefähr beurteilen können, müssten dann auch noch das Vertrauen in ihr eigenes Wissen aufrechterhalten, auch gegen den schrägen Durchschnittswert.

Haben Sie unter zehn Teilnehmern nun zwei, drei Werte, die extrem nach oben oder unten abweichen, ist der Mittelwert plötzlich Blödsinn. Das war im Schweizer Experiment auch so. Fünf Mal bekamen die Studenten die Möglichkeit, ihre Schätzung zu korrigieren. Und jedes Mal legten die Wissenschaftler ihnen die neuen Mittelwerte vor, einigen auch die einzelnen Schätzungen.

Und mit jedem Versuch näherten sich die Schätzungen einander an. Gleichzeitig entfernten sich die Schätzwerte weiter von der Wahrheit. Im Schnitt waren die besten Schätzungen jene der allerersten Runde. Also *bevor* die Studenten überhaupt einen Einblick in die Daten ihrer Kollegen bekommen hatten! Urteilsvermögen schlägt Schwarmintelligenz. Und Schwarmintelligenz ist als Begriff wohl eher ungeeignet. Nennen wir es Schwarmrätseln.

Wir glauben an die Meinung der Masse, weil es verdammt bequem ist. Herdentrieb nennt die Forschung dieses Verhalten. Der Neurowissenschaftler Gregory Berns hat in Experimenten unter dem Gehirnscanner beobachtet, dass es Stress auslöst, wenn unsere Meinung von jener der Mehrheit abweicht, wir sie aber dennoch verteidigen wollen.[26] Und da-

Abweichung tut weh, Konformität macht glücklich

bei ist es völlig egal, ob wir das öffentlich tun müssen oder nur vor uns selbst. Abweichen ist unbequem. Wer in einer Masse agiert, der macht nur mit. Wer abweicht, der muss dafür eine eigene Begründung finden. Deshalb lesen wir im Internet so viel Werbung, die mit »Ganz Deutschland diskutiert über diese Matratze« beginnt, obwohl ich wirklich in meinem Leben noch nie mit irgendjemandem über Matratzen diskutiert habe. Formulierungen wie diese suggerieren: Es sind viele. Mach du ruhig mit. Einfach mit dem Strom zu schwimmen ist viel leichter! Und dabei wird sogar der Neurotransmitter Dopamin ausgeschüttet.[27] Den kennen Sie mit seinem populären Namenszusatz »Glückshormon«. Dopamin wirkt übrigens auch antriebssteigernd. Mitlaufen gibt uns Energie, auch wenn wir in die Irre streben. Konformität macht glücklich.

In der Forschung gibt es ein Mittel gegen derartige Fehlinterpretationen: Statistiker würden die Ausreißerwerte streichen, damit der Datensatz schön sauber ist. Kein Witz, genau das tun VWL-Studenten in der Statistik-Vorlesung, ich hab's auch so gelernt.

Aber stellen Sie sich 20 Menschen vor, die brav an einer roten Ampel warten. Dann kommt einer, der geht einfach rüber. Was machen die anderen?

Genau.

Immer schön hinterherlaufen, wie die kleinen Lemminge, bis dann doch der LKW kommt.

Extreme Positionen beeinflussen, was wir als Meinung – oder Wissen – der Masse ansehen. Denn sie fallen auf, werden gehört, oft im Gegensatz zu einer stillen – gemäßigten – Masse. Das macht Politik so schwierig, denn Politiker müssen allen zuhören und jeden ernst nehmen. Auch die Irren. Auch die Dummen. Auch jene, die durch Extrempositionen einen Konsens erreichen wollen, der nur ihnen zugutekommt. Ein etwas allgemeineres Beispiel sind Tarif- oder Gehaltsverhandlungen: Die Arbeitgeber schlagen eine kleine Summe vor, die Arbeitnehmer eine hohe. Beide sind noch lange nicht an ihrer Schmerzgrenze angelangt, wollen durch den Vorschlag aber schon einmal eine Messlatte setzen, die das Gegenüber in seinen Forderungen beeinflusst. Es funktioniert. »Ankereffekt« nennen Ökonomen das.[28]

Extrem schlägt Vernunft

Deshalb sollten Sie bei Verhandlungen immer den ersten Vorschlag machen, auch wenn es wehtut. Am Ende trifft man sich irgendwo – aber wo der Mittelpunkt liegt, das können Sie beeinflussen. Sie müssen nur aufpassen, dass Ihre Position nicht so extrem wird, dass Ihr Gegenüber sie streicht. Ihre Verhandlungsposition – und Ihren Job.

Sprechen wir dagegen über Alltagsfragen, wird es schwierig. »Wenn so viele Menschen sagen, brauner Zucker sei gesünder als weißer, dann muss doch etwas dran sein.« Erstaunlich viele Menschen denken das wirklich, Unfug ist es dennoch. Und wenn Sie eine Botschaft oft genug, laut genug und von genügend Menschen gehört haben, dann ist es verdammt schwer, sie wieder aus dem Kopf zu kriegen. Dazu kommen wir gleich. Für jetzt gilt: Was viele Menschen glauben, muss deshalb nicht korrekt sein. Schwarmintelligenz funktioniert bestenfalls zufällig. Ganze Weltbevölkerungen glaubten über viele Generationen hinweg fest daran, die Erde sei eine Scheibe und die Sonne kreise um uns. Und dann kam einer, der schaffte Wissen.

Streiche ich aus meiner Dom-Umfrage die abweichenden Schätzungen 300 und 350, beträgt der Mittelwert statt 215 Metern übrigens nur noch knapp 183. Gar nicht mal so schlecht.

Und, Alexa, wie hoch ist nun der Kölner Dom?

»Der Kölner Dom ist 157 Meter hoch.«

»Danke, Alexa.«

»Düdüm.«

Optimierung meiner Wahl

Rotwein am Abend ist gesund. Marihuana ist gesund. Kleine Traubenzuckertäfelchen geben Energie für Sport und Klausuren. Die Schokoladendiät funktioniert super schnell. Muskeltraining schadet dem Abnehmen. Fett macht fett. Wer Babys Erdnüsse gibt, erhöht ihr Allergierisiko.

Kommen Sie, die eine oder andere These glauben Sie mir, oder? Oder sogar alle? Sie haben auch schon mal gelesen, dass das wissenschaftlich festgestellt wurde. Und dass Fett fett macht, ist doch total logisch, ist ja schließlich Fett drin. Vielleicht haben Sie genau wie ich als kleines Kind Traubenzucker bekommen, und das hat uns ja noch nie geschadet, und sind Sie überhaupt noch da, oder googeln Sie gerade nach der Schokoladendiät?

Lassen Sie es. Die Schokoladendiät setzt Ihren Körper auf Mangelernährung und weil Ihr Körper möchte, dass Sie überleben, der alte Egoist, bekommen Sie danach erst recht Hunger. Außerdem schlagen Ihre Insulinwerte aus und das macht dann noch mal extra Appetit auf Zucker. Viel Glück bei der Entwöhnung. Studien zum Alkohol und zum Zucker sind übrigens oft genug von den entsprechenden Konzernen finanziert. Das beeinflusst möglicherweise nicht immer die Studie – wohl aber, welches Ergebnis mit wie viel Trara kommuniziert wird.

All die Gesundheitsthesen oben sind Bullshit, rein wissenschaftlich-sachlich betrachtet. Falls Sie an Fakten glauben. Tut ja nicht jeder, Fakten sind halt oft genug blöd. Und langweilig. Und komplex, voller Widersprüche. Und gerade deshalb bleiben Studienergebnisse wie diese in unseren Köpfen – sie gefallen uns einfach so gut. Neurologisch betrachtet gibt es dafür einen einfachen Grund. Mit folgender Schlagzeile kam meine Freundin Katja letztens um die Ecke:

Manche Thesen sind einfach zu schön

Rotwein macht schlank!

Da im Gehirn, wo Ihre Liebe zum Rotwein sitzt, feuert jetzt eine kleine Nervenzelle einen glücklichen Impuls ab. Und da im Gehirn, wo Ihr geheimer Wunsch sitzt, doch mal ein paar Kilo abzunehmen, funkt eine andere. Die Information ist neu, sie überrascht uns. Deshalb ist der Impuls noch ein wenig stärker, als wenn wir hören würden, dass Rotwein in grünen Flaschen verkauft wird. Die beiden Nervenfunken regen das Wachstum von Synapsen an – die Verbindung zwischen »lecker, Wein« und »ein paar Kilo weniger wären schön« wird gestärkt. Dieser Vorgang geht wahnsinnig schnell. Und so wie Ihnen diese hochwissenschaftliche Studie gefällt, so gefiel sie auch Katja und kurze Zeit später mir, vielleicht auch, weil ich ein wenig betrunken war.

Im normalen Alltag hören die meisten von uns bei einer Überschrift wie dieser auf zu lesen, denn gleich kommt die Straßenbahn und der nächste Artikel macht neugierig (»Diese fünf Dinge tut der reichste Mensch der Welt jeden Morgen vor dem Frühstück«). Außerdem sagt uns die Überschrift ja schon alles: Rotwein macht schlank! Spitze. Mehr muss ich nicht wissen. Her mit der Karaffe.

Katja und ich saßen, kurz nachdem sie von dieser Studie gelesen hatte, in unserer Lieblingsbar und schütteten uns den Wein rein – macht ja schlank. Eigentlich hat Rotwein im Schnitt mehr als doppelt so viele Kalorien wie Cola, aber was soll's. Rotwein macht schlank. Hat die Wissenschaft festgestellt!

Die Botschaft bleibt hängen und wenn wir Rotwein trinken gehen, wird sie uns immer wieder einfallen. Vor allem, wenn wir noch am gleichen Abend mit Katja auf diese gute Nachricht anstoßen. So stärken wir unsere Synapsen. Wenn wir Rotwein sehen, schmecken, riechen, an ihn denken und das weiche Gefühl auf der Zunge spüren, dann funkt wieder diese eine Zelle im Gehirn, in der unsere Liebe zu ihm hinterlegt ist. Weil aber eine dicke Synapse zu »macht schlank!« angelegt ist, wird auch diese Zelle angesprochen und funkt ein wenig mit. So schnell kriegen wir diese Information nicht mehr aus dem Kopf.

Wir glauben, was uns gefällt

Das ist der eine Aspekt: Die Nachricht überrascht uns.

Der zweite: Sie gefällt uns so verdammt gut. Gefällt uns eine Wahrheit besonders gut, dann werten wir Informationen ab, die das Gegenteil bedeuten würden. Neue Studie: Rotwein macht dick? Vermutlich irgendeine sehr schwammige Studie, von der Wasser-Lobby finanziert. Glaub ich nicht.

Ein bisschen übertrieben? Vielleicht. Stärker fällt es bei politischen Debatten auf: Wer eine Meinung hat, der hält Menschen mit anderer Meinung für inkompetent.

Und deshalb glauben wir so gern an Optimierungsideen, die gut zu unserem Leben passen. Dunkle Schokolade klingt besser als Komplettverzicht, Avocados riechen besser als Bananen, 90 Minuten Crosstrainer fühlen sich leichter an als 30 Minuten Krafttraining. Das mag individuell verschieden sein, doch das Problem bleibt: Wir glauben am liebsten das, was uns in den Kram passt.

Wie schön wäre es, wenn uns etwas schlank macht, das uns verdammt gut gefällt? Das sogar unseren Konsum rechtfertigt? Großartig. Mit diesem Prinzip können Zeitschriften sehr viel Geld verdienen. Ich träume noch immer von der Pasta-Diät, die früher regelmäßig über die Cover diverser Frauenmagazine tourte. Solange die Pasta aber aus Pasta besteht, wird sie einfach nicht funktionieren, nie – auch nicht in Verbindung mit Rotwein. Katja und ich hatten wirklich schon sehr oft Pasta und Rotwein, aber trotzdem rief sie mich am vergangenen Wochenende vollkommen verzweifelt an, weil keines ihrer Kleider mehr passte. Da half auch der Rotwein nicht.

Hätte sie den Artikel mal vernünftig gelesen. In einer besonders prominenten Rotwein-Studie[29] steht bei näherer Betrachtung drin, dass die Wissenschaftler Mäusen einen Stoff gegeben haben, der auch in Weintrauben vorkommt. Daraufhin wandelte sich böses weißes Fett in energieeffizienteres beigefarbenes Fett. Außerdem nahmen die Mäuse weniger zu, während sie eine hochgradig fettige Ernährung bekamen. Wenn Sie also eine fünf Monate alte weibliche Maus sind, sich zu 60 Prozent von Fett ernähren und zufällig gerade eine Flasche Resveratrol (so heißt das Weintrauben-Zeug) rumstehen haben: Immer runter damit. Für alle anderen gilt: Lesen Sie es lieber noch mal nach, bevor Sie versuchen, sich selbst schönzusaufen. Haben schon andere probiert und spätestens am Morgen danach bereut.

Vermutlich wären uns diese Details allerdings egal gewesen. Rotwein macht schlank! Ha!

Ich werde es nie vergessen.

Und Sie auch nicht, denn ich habe diesen Satz in diesem Kapitel jetzt oft genug geschrieben. Sorry, ein wenig Gehirnwäsche, war für einen guten Zweck. Das machen Verkäufer auch so, und mein Anliegen ist wenigstens ehrlich. Denken Sie an den Wein. Aber denken Sie bitte auch daran, dass ein kleiner Forschungsbericht noch nicht die ultimative Wahrheit verkünden muss, nur weil mir das Ergebnis so wahnsinnig gut gefällt.

»Dieses erstaunliche Heilmittel gegen Krebs ist seit dem 19. Jahrhundert bekannt«, mit diesen großen Worten beginnt ein Video,[30] das immer wieder auf Facebook kursiert. Erstellt haben es Mitarbeiter des kanadischen McGill Institute for Science and Society. Es zeigt uns bunte Pillen und argumentiert, dass die Pharma-Konzerne das alte Wissen unterdrücken. Wir sehen einen Wissenschaftler, der im Jahr 1816 ein Moos entdeckte, das Krebszellen tötet. Ich habe das Moos mit dem bezaubernden Namen Funariidae karkinolytae gegoogelt – ein Blogger, angeblich mit Medizin-Doktortitel, hat das Video aufgegriffen. Vielleicht hätte

Wem nutzt die Behauptung?

er es zu Ende schauen sollen. Oder wenigstens länger als eine Minute lang.

Nach ein paar hochwissenschaftlichen künstlerischen Animationen einer DNS-Doppelhelixstruktur lösen die Macher des Videos ihren Trick auf. Die Musik. Die medizinisch aussehenden Motive. Die alten Fotos von alten Wissenschaftlern – ja, Plural, denn die McGill-Aufklärer haben bewusst Bilder von verschiedenen Menschen benutzt, um den angeblichen Entdecker dazustellen. Der Entdecker hat übrigens nie existiert.

Videos wie diese haben auf Social Media Millionen Zuschauer, sie sind durch optimistische Musik, großen Text und schöne Bilder leicht zu konsumieren, wirklich überzeugend. So einfach ist das. Und wir glauben es, weil es so herrlich plausibel wirkt. Dabei hätte schon ein zweiter Blick geholfen. Oder im Fall des Aufklärungsvideos: Einfach mal etwas länger zuschauen. Aber selbst das fällt uns oft schwer. Und damit tun wir den Urhebern der angeblich wissenschaftlichen Thesen einen Gefallen. Den einen, weil sie die Aufmerksamkeit brauchen, um Karriere zu machen. Das treibt sie an, weitere ähnlich schwammige Studien mit starken, aber fragwürdigen Botschaften durchzuführen. Und zum anderen, weil manchmal eben ganze Branchen dahinterstecken. Alkohol. Zucker. Avocados. Und so weiter.

Der Biologe Jonathan Jarry arbeitet für McGill und beschäftigt sich mit Wissenschaftskommunikation. Das oben beschriebene Video ist die Antwort des Instituts auf Videos, die immer wieder im Netz auftauchen – und keinesfalls aufklärerisch sind, sondern vielmehr zur allgemeinen Verdummung beitragen. Er schreibt: »Wir könnten diese Videos mit langen Artikeln bekämpfen, in denen wir die

Fehler benennen und sie mit der echten Wissenschaft ersetzen.« Leider, und das wissen auch die Wissenschaftler, ist die komplexe Wirklichkeit längst nicht so leicht verdaulich wie eine simple, plakative Botschaft. Auch wenn diese in ihrer Einfachheit falsch wird. Das macht es schwer, die Wahrheit zu kommunizieren.[31] Die Wissenschaftler haben uns in unserer Leichtgläubigkeit bloßgestellt, aber wenigstens charmant: Wir dürfen unseren Fehler einsehen.

Wir leben in einer Zeit, in der alle Informationen jederzeit verfügbar sind. Und weil Lösungen selten einfach sind, sehnen wir das Einfache aus der Zeit davor umso mehr herbei. Doch diese Hoffnung ist trügerisch. Sie verführt uns dazu, einfachen Lösungen zu glauben. Sie erscheinen greifbar, denn wir glauben am ehesten, was wir verstehen. Eines Tages folgern wir daraus hoffentlich, dass jeder Einzelne mehr Energie investieren sollte, die Welt zu verstehen, so wie sie wirklich ist. Und nicht wie Scharlatane sie uns darstellen wollen. Am Ende ist es Wissen allein, das uns vor hochtrabenden Werbebotschaften schützen kann.

5 Big Data macht unser Leben zur Handelsware

In ihrem Versprechen bedeutsam verbrachter Zeit, wertvoller sozialer Interaktionen und exklusiver Produkte signalisieren uns moderne Konzerne, dass sie das Wohl ihrer Kunden im Sinn haben. Doch wir sind nicht die Kunden. Wir sind die Verfügungsmasse, deren Geld, Zeit und Daten auf die eigentlichen Kunden verteilt werden: die Produzenten und Dienstleister, deren Leistung nicht mehr uns dient, sondern der Umwandlung unserer Lebenszeit in Geld.

Konsumvieh und Verkaufsmaschinen

»Das sollte man eigentlich nicht mehr trinken«, sagt Andreas, und ich gieße meinen Kaffee ins Spülbecken. Nein. Niemand sollte seinen Körper dieser Plörre aussetzen. Irgendwann hat jeder sein Lebenssoll erfüllt, und unsere Kaffeemaschine ist eine tägliche Beleidigung der Bohnen. »Ich bestelle die Tage eine neue«, sage ich und google schon mal nach Kandidaten.

»Alexa hat uns schon wieder belauscht«, sagt Andreas am nächsten Morgen und meint damit Amazons Echo-Lautsprecher, einen kleinen Zylinder, der bei uns im Wohnzimmer steht und alle Wünsche aus unseren Worten heraus erfüllen will. Und deshalb gern mal zuhört – offiziell natürlich nur, wenn wir ein Aktivierungswort benutzen. Ob das so stimmt, wissen wir bislang nicht sicher. Die Hersteller aller Heim-Assistenten sagen, ihre Geräte lauschen nicht. Ihre Nutzungsbedingungen sagen das auch. Trotzdem sieht Andreas am Tag nach einer Schimpftirade gegen unsere (vielleicht ganz leicht in die Jahrzehnte gekommene) Kaffeemaschine Werbung für eine neue. Hochformatig und blinkend neben allen Websites, die er so aufruft. Guter Service.

Nur hätte das Gerät in diesem Fall gar nicht lauschen müssen. Konzerne wie Amazon wissen genau, was wir gerade brauchen, was wir demnächst brauchen und was wir nicht brauchen, aber vielleicht trotzdem kaufen würden. Wir hinterlassen eine Spur von Daten, die unsere geheimen Wünsche und Sehnsüchte offenbart. Heute die Kaffeemaschine, morgen das Zahnbleaching. Genau deshalb ist Selbstoptimierung ja so lukrativ. Sie ist teuer. Und wiederum deshalb ist sie so ein schöner Trend geworden, ein versteckter natürlich, aber einer, der uns unter der Oberfläche beschäftigt.

Außerdem hatte ich ja am Vortag direkt nach neuen Kaffeemaschinen geschaut und so ein Bedürfnis wird dann auch anderen im gleichen Netzwerk signalisiert. Das funktioniert mit Kaffee oder Diätshakes, mit Ratgebern für mehr Geduld im Leben, mehr Mut oder weniger Zucker, mit Reiseführern, Reisen, mit allem. Wenn Sie schon mal Geschenke für eine schwangere Freundin gesucht haben, wissen Sie, was ich meine. Dem Internet einmal klarzumachen, dass Sie wirklich – wirklich! – nicht schwanger sind, ist eine ganz schöne Aufgabe.

Der Wirkungsmechanismus dahinter ist nicht ganz trivial, aber dennoch können wir ihn verstehen. Den Begriff »Algorithmen« kennen Sie vielleicht. Konzerne wie Facebook, Amazon, Google, eigentlich alle datengetriebenen Geschäftsmodelle funktionieren heutzutage über Algorithmen. Das sind Formeln, mit denen ein bestimmtes Verlangen vorhergesagt werden kann. Ganz simpel: Sie bestellen sich im Internet einen Kaffeevollautomaten. Die Dinger mahlen Bohnen, müssen regelmäßig gereinigt werden und sie sind oft absurd teuer. Das Unternehmen lernt: Sie sind ein potenzieller Kunde für Kaffeebohnen, für Entkalker und Wasserfilter und Sie sind in der Lage und bereit, viel Geld für Genuss auszugeben. Drei Tage später posten Sie ein Foto ihres neuen Küchen-Rolls-Royce bei Instagram, dann ist der dahinterstehende Facebook-Konzern auch im Bild. So entstehen riesige Datensätze mit Informationen. Früher zögerten wir, unser echtes Geburtsdatum anzugeben, wenn wir ein neues E-Mail-Konto registrierten. Heute wird jeder Klick registriert, gespeichert und verwertet. Der deutsche Vordenker Frank Schirrmacher schrieb über unsere Zeit sein Buch »Ego. Das Spiel des Lebens«.[32] Über unseren unsichtbaren Gegner notiert er darin: »Wir erleben die neue Ära des Informationskapitalismus. Er hat damit begonnen, die Welt in einen Geisteszustand zu verwandeln. Er tut und plant große Dinge. Er will Gedanken lesen, kontrollieren und verkaufen. Er will Risiken vorhersagen, einpreisen und eliminieren. Sein Hirn ist unablässig damit beschäftigt herauszufinden, was Menschen tun, sagen, kaufen und welche Spielzüge sie als Nächstes planen.«

Mit jedem Kauf lernen die Verkäufer

Sie müssen sich den Informationskapitalismus nicht so düster vorstellen. Sehen Sie ihn als Gegenspieler. Wenn wir seine Tricks durchschauen, gehen wir als Sieger vom Platz. Und der Preis ist ein gutes, freies Leben.

Von einem »Überwachungskapitalismus« spricht die Ökonomin Shoshana Zuboff, und das klingt noch bedrohlicher. Diese neue Wirtschaftsordnung »beansprucht einseitig menschliche Erfahrung als Rohstoff zur Umwandlung in Verhaltensdaten«, schreibt sie in ihrem Buch »Das Zeitalter des Überwachungskapitalismus«.[33] Zuboff benennt den Wettbewerb als treibende Kraft hinter der Datensammlung. Er »zwingt die Überwachungskapitalisten zum Erwerb immer aussagekräftigerer Quellen«. Unsere Stimmen, unsere Persönlichkeiten, unsere Emotionen nennt Zuboff als Beispiel. Diese Aspekte fassen Unternehmen in Daten, um unser Verhalten zu verstehen und vorherzusagen. »Dieses System«, schreibt Zuboff, »operiert mittels dieser beispiellosen Asymmetrien an Wissen und der Macht, die damit einhergeht. Überwachungskapitalisten wissen alles über uns, während ihre Operationen so gestaltet sind, *uns* gegenüber unkenntlich zu sein.« Genau aus diesem Grund gibt es dieses Buch, und darum erzähle ich Ihnen nicht, wie doof Selbstoptimierung ist – sondern wieso dieses Phänomen überhaupt aufgetaucht ist und wie es aus der Perspektive der Konzerne funktioniert. Ich möchte, dass wir alle diese Mechanismen verstehen. Nur dann können wir als Konsumenten bewusst handeln.

Jede unserer Handlungen können wir also als Signal verstehen. Und theoretisch ist das alles total harmlos. Natürlich dürfen die Unternehmen gern wissen, dass wir heimlich in den Typen aus dem Controlling verknallt sind. Findet ja sonst keiner raus. Und dieses heimliche Interesse an Lackstiefeln? Bitte. Warum sollte irgendein Konzern ein Interesse daran haben, das zu veröffentlichen? Und im Ernstfall könnten wir einfach dazu stehen, Problem gelöst, es sind moderne Zeiten.

Die Argumentation ist vollkommen korrekt. Quatsch ist sie trotzdem. Überwachung ist dann nicht gut für uns, wenn wir durch die gewonnenen Daten manipuliert werden. Das kann Demokratien schaden, weil sich das Wahlverhalten durch gezielt platzierte Botschaften beeinflussen lässt. Und das Gleiche funktioniert auch in unserem Konsum. In beiden Fällen werden wir manipuliert, und zwar mit Botschaften, für die wir empfänglich sind. Beim Konsum sind es gerade jene Botschaften, die unser Selbstwertgefühl angreifen, die uns potenziell schaden können. Wir geben mehr Geld aus. *Und* wir fühlen uns schlecht.

Und übrigens: Ein Spanner guckt Ihnen auch nix weg – trotzdem wollen Sie nicht beobachtet werden.

Natürlich geben wir im Internet jede Menge Kram preis, für den sich keine Sau interessiert. Wär's anders, müssten wir damit ja nicht ins Internet gehen. Und natürlich interessiert sich der Konzern nicht für Sie persönlich. Facebook wird nicht angelaufen kommen und Sie damit erpressen, dass Sie heimlich Lackstiefel mögen. Würde sich für den Konzern ja auch gar nicht lohnen, wenn man mal die Einkünfte vergleicht.

Spannender ist ein anderer Aspekt: Die Daten sind geeignet, Bedürfnisse festzustellen. Bedürfnisse, von denen wir möglicherweise gar nichts wissen.

Konzerne wissen, was Sie wollen könnten

Stark vereinfacht: 9.999 Frauen, die die gleichen Sneaker tragen wie Sie, dieselben Serien gucken wie Sie, den gleichen Sport machen wie Sie und morgens die gleiche Haferflockenmarke auf den gleichen isländischen Joghurt kippen, haben alle ein bestimmtes Fahrrad gekauft. Hat nichts miteinander zu tun? Egal. Sie werden staunen, wie wenig individuell Sie in Wahrheit sind. Ein Konzern kann aus diesen Ähnlichkeiten in den Signalen erkennen, wo potenzielle Kunden sitzen. Das funktioniert viel besser, als auf Altersgruppe oder Wohnort zu schauen. Das Zeitalter der Demografie ist zu Ende.

Der amerikanische Wirtschaftsprofessor Scott Galloway erzählt in »The Four«[34] von der »geheimen DNA von Amazon, Apple, Facebook und Google«. Sein Titel bezieht sich auf die »Vier Reiter der Apokalypse«. Doch lassen wir das amerikanische Pathos beiseite. Er schreibt: »Durch unsere Suchanfragen signalisieren wir unsere geheimen Wünsche und verleihen der Google-Suchmaschine eine übernatürliche Macht, was die Werbung betrifft. Das traditionelle Marketing sortierte uns nach Gruppen: Latinos, Provinzler, Rentner, Sportfans, engagierte Mütter und so weiter. Innerhalb dieser Gruppen hielt man uns für gleich. Im Jahr 2002 trug jeder reiche weiße Bewohner einer (US-) Vorstadt Cargohosen, hörte Moby und fuhr einen Audi.« Marktforschung erforschte damals eigentlich nur die Ideen, die studierte Menschen von einem Markt und ihren Konsumenten hatten. Sie erforschten also die Klischees, die sie sich selbst ausgedacht hatten, die sie bestenfalls meinten beobachtet zu haben. Doch jede dieser Beobachtungen unterlag wieder Vorurteilen. Heute funktioniert das anders. Galloway erläutert, wie detailliert die Werbung heute über uns Bescheid weiß: »Bei Google identifizieren uns unsere Suchanfragen – zusammen mit den Fotos, den E-Mails und den ganzen anderen Daten, die wir ihm liefern – als Individuen mit ganz bestimmten Problemen, Zielen und Wünschen. Dieses Wissen verschafft unserem Gott in der Werbebranche einen enormen Vorsprung. Er kann uns relevantere, wunderbare Werbung servieren – maßgeschneidert für unser persönliches Glück.«

Von »übernatürlicher Macht« und dem »Gott in der Werbebranche« würde ich nicht sprechen – Daten sind etwas sehr Natürliches. Wir machen sie selbst. Und nun sammelt sie jemand. Das ist nicht übernatürlich, das ist die natürliche Entwicklung menschlicher Fähigkeiten. Wir nutzen, was wir haben. Damit sind Unternehmen übrigens der Wissenschaft vielfach voraus. Während Ökonomen noch Fragebögen verschicken, die wir dann im Papierkorb versenken, haben Digitalkonzerne direkten Einblick in unser Verhalten.

Beispiel gefällig? Netflix arbeitet mit etwa 2.000 sogenannten Microclustern.[35] Netflix-Manager nutzen sie, um den Erfolg zukünftiger Produktionen vorherzusagen. Sie mochten *Stranger Things* und *Black Mirror*? Probieren Sie es doch mal mit *The OA*. Eher gemischte Reaktionen auf die erste Staffel *Lost in Space*? Macht nichts, die Zahl der Fans und die Zahl möglicher zukünftiger Fans ist groß genug – zweite Staffel ist genehmigt. Hinter solchen Entscheidungen steckt natürlich die inhaltliche Expertise der Fernseh-Macher. Dahinter stecken aber auch Informationen aus Daten. Andere Menschen, die *Stranger Things* und *Black Mirror* mochten, haben bislang bei *The OA* seltener abgeschaltet. Dann kann Netflix guter Hoffnung sein, dass Sie das ebenfalls nicht tun werden. Und mag sein, dass *Lost in Space* bei einigen durchgefallen ist – doch die Zielgruppe ist treu, die schaltet so schnell nicht ab.

So weit, so nett. Ist ja prima, dass die Vorschläge im Netflix-Profil immer besser werden, freut mich auch. An regnerischen Schokoladeneis-Abenden bin ich dankbar, wenn ich nicht selbst suchen muss. Netflix kann wiederum aus meinem Verhalten lernen. Sie mochten *How to get away with murder* und *Scandal*, konnten *The People vs. OJ Simpson* aber nicht ertragen? Da weiß der Konzern, dass Ursachenforschung angesagt ist, vor allem wenn es weltweit plötzlich Hunderttausenden Menschen ähnlich geht.

Und jetzt denken Sie an Konsumobjekte. Sneaker sind ein tolles Beispiel. Von mir aus können Sie aber auch an ledergebundene Notizbücher denken, Science-Fiction-Romane, Handtaschen oder Fußball-Tassen. Mir gleich. Die simpelste Variante ist: Sie kaufen regelmäßig Sneaker, also schlägt Ihnen das Unternehmen, sagen wir mal Zalando, immer wieder neue vor. Und Sie kaufen. Langsam wird's teuer, aber die Verlockung ist groß.

Jetzt weiß der Konzern aber auch: Wer Sneaker kauft, der hat auch eine erhöhte Zahlungsbereitschaft für … an dieser Stelle erfinde ich mal etwas … sagen wir für Krokodilledergürtel.

Sie hätten nie einen haben wollen.

Sie finden die irgendwie seltsam.

Aber je länger Sie sich diesen Gürtel und die anderen coolen Sneaker-Träger mit besagtem Gürtel auf den Fotos anschauen, desto mehr wächst die Versuchung.

So funktioniert die Welt. Der Konzern hat soeben erfolgreich ein Bedürfnis geschaffen, auf das Sie niemals selbst gekommen wären. Und genau so treibt es uns in den Selbstoptimierungskonsum. Und deshalb ist Überwachung relevant. Niemand muss etwas zu verbergen haben. Aber jeder von uns sollte verstehen, dass die Daten nicht nur zum Verständnis genutzt werden. Sondern auch, um unser Konsumverhalten zu formen. Wir kaufen Dinge, die uns zu besseren Menschen machen, so weit das Versprechen. Und man verlockt uns zu weiteren Dingen, die uns noch besser machen sollen. Das ist ein unbewusster Prozess. Sie suchen im Netz nach einem guten Anbieter für Gel-Fingernägel? Schauen Sie sich doch auch mal das Thema Wimpernverlängerung an. Sie haben einen Kaffeevollautomaten gekauft? Sie sind genau die Richtige für diese elektrische Zahnbürste für heute nur 119,95 Euro. Und so weiter. Der nächste Schritt wird abenteuerlich: Wir bekommen suggeriert, dass wir ein Produkt haben wollen. Funktioniert bei Ihnen nicht?

Versprechen schaffen neue Bedürfnisse

Das funktioniert ganz sicher.

Dafür muss Ihnen das Unternehmen nur zeigen, dass Menschen, die Ihnen ähneln oder, noch besser, denen Sie gern ähneln würden, mit dem Produkt glücklich sind. Genau so funktioniert Werbung. So können Konzerne mit dem Wissen, das wir ihnen geben, künstliche Bedürfnisse erschaffen. Sie finden das hinterlistig? Nein, das ist vollkommen legitim. Werbung treibt die Wirtschaft voran, Innovationsdruck die Entwicklung.

Doch für uns Menschen entsteht so eine Belastung. Wir leben unter einem ständigen Druck zum »Mehr«. Dabei ist es gerade die Verschlankung, die Vereinfachung, die uns glücklicher macht. Und eben nicht das neue Produkt, die neue Methode. Wenigstens nicht dauerhaft.

Endgültig pervertiert wird die Idee, wenn der zahlengetriebene Erfolgsdruck zu sehr steigt. Das lässt sich bei Online-Medien gut beobachten. Haben Sie schon einmal das Wort »Klickvieh« gehört? Das sind wir. Menschen, die bitte auf Artikel klicken sollen, damit ein Manager Zielvorgaben erfüllt und das Unternehmen dahinter Geld verdient. Wenn Sie eine Bilderstrecke mühsam durchklicken sollen, ein Text auf mehrere Seiten verteilt ist oder Sie zum vollständigen Produkt immer noch einen Klick mehr machen sollen, dann wissen Sie, woran Sie sind. Das ist der Lesekonsum, er kostet uns Zeit und, tatsächlich, auch Daten. Denn mit unserer Auswahl der Themen im Netz verraten wir, zu welcher Käufergruppe wir gehören, und verfeinern die Daten über Menschen wie uns.

Und auch im Produktkonsum sind wir eine Verfügungsmasse, die brav genau das tun soll: Konsumieren. Konsumvieh sozusagen. Herzlichen Glückwunsch. Um Konsumvieh wie uns und Verkaufsmaschinen wie all die Unternehmen unserer Zeit geht es in diesem Teil des Buches. Ich verteufele das nicht. Ich halte es für genial. Trotzdem müssen wir darüber reden. Und wir Konsumenten sollten uns wappnen.

Die Menschen, die uns zu Käufen verlocken, sind noch nicht einmal böse. Sie haben keine andere Wahl. Wer Wachstum nicht schaffen kann, indem er tatsächliche Bedürfnisse erfüllt, der muss neue Bedürfnisse schaffen. So überleben diese Unternehmen, das erhält Arbeitsplätze, schafft sogar einige neue. »SEO-Spezialisten« richten Seiten so ein, dass sie in Suchmaschinen oben erscheinen. Viele Nachrichtenhäuser beschäftigen Journalisten, deren Job es ist, gute Überschriften zu machen. Hinterlistig? Nö. Wenn Sie einen Text schreiben, wollen Sie doch auch, dass er von möglichst vielen Menschen gelesen wird. Wenn Sie eine neue Idee für Yoga-Matten haben und eine Garagenfirma dafür gründen, wollen Sie, dass viele Menschen Ihre Yoga-Matte sehen, die Innovation erkennen, ein neues Bedürfnis verspüren und auf »kaufen« klicken.

Alles gut an dieser Stelle.

Die Mechanismen werden zum Problem, wenn die Macher uns Mist verkaufen wollen. Und das passiert leider viel zu oft. Ein Unternehmen wird nicht daran gemessen, wie gut es die Welt rettet. Mit so was gewinnen Sie Preise, bestenfalls ein paar Fördergelder. Aber wenn Sie die Welt retten können, müssen Sie Ihren Kram auch noch verkaufen. Und im Idealfall Gewinn machen.

Beispiel aus der Produktwelt? Nehmen Sie Fidget-Spinner, kleine Plastikspielzeuge, die wie ein kleiner Propeller aussehen. Zwischen Daumen und Zeigefingerspitze gedrückt lassen sie sich drehen, das soll beruhigen. War ein Riesenhype. So was ist, mit einer guten Idee und etwas Glück, leicht gestartet: Drücken Sie die Fidget-Spinner ein paar coolen Kids in die Hand und warten Sie, bis alle anderen auch welche wollen. Wenn das funktioniert, verbreiten sich die Spielzeuge schnell auf den Schulhöfen – klappt bei Erwachsenen übrigens genauso, aber da sind die Influencer teurer als Grundschulkinder. Und dann geben Sie Ihrer Erfindung noch einen lebensverbessernden Nutzen. Fidget-Spinner sollen den Geist beruhigen, Ängste lösen. Das erzählen Sie dann jedem, der es hören will, vielleicht noch gepaart mit einer schönen Geschichte: Die Erfinderin der Spinner bekommt keine Patent-Gebühren dafür, weil sie das Geld für ein Patent nicht hatte. Aber immerhin konnte sie ihre Tochter mit dem Spielzeug beschäftigen. Nächster Schritt: Erzählen Sie etwas von Knappheit. »Fidget-Spinner fast überall ausverkauft«, lautete die Schreckensmeldung im Juni 2017. Was tut also der unentschlossene Kunde? Greift schnell zu, nicht dass er voll der Qualen auf die nächste Flugzeugladung warten muss.

Eine schöne Geschichte macht das Produkt rund

Im folgenden Frühling stand ich im Sportgeschäft und sprach den Verkäufer auf einen Karton mit alten Spinnern an, preisreduziert, 1,50 Euro das Stück. »Ich habe noch nie einen Trend so schnell vorbeigehen sehen«, sagte er. »In China werden die schon wieder eingeschmolzen.«

Vielleicht, um Plastik für den nächsten Verkaufsschlager zu haben. Wird eh Zeit für einen neuen Jo-Jo-Hype.

Das Internet ist voll mit Müll

Hier ist eine Sache, die Sie noch nicht über mich wissen: Ich habe Implantate. Eins links, eins rechts, das eine seit 16 Jahren, das andere seit ein paar Monaten nicht mehr, kommt bald ein neues rein. Klingt komisch? Es geht natürlich um Zahnimplantate. Die haben erstaunlich viele Menschen und es ist eine recht unspektakuläre Angelegenheit. Lücke → Loch → Implantat rein, Zahn drauf, fertig. Seltener ist, was mir passiert ist: Der Knochen unter einer der Schrauben bildete sich zurück, das Implantat musste entfernt werden. Glücklicherweise ahnte ich nichts von meinem Glück, als ich an einem Mittwoch im Mai mit diffusen Schmerzen zu meinem heimischen Kieferchirurgen marschierte. Nach zehn Minuten und einem kleinen Röntgenbild hatte ich die Diagnose, noch mal zehn Minuten später setzte der Arzt die Zange an. Als ich die Hand hob, um zu sagen, dass ich es mir anders überlegt hatte und lieber bis an mein Lebensende Schmerzen ertragen wollte, war die Sache schon gelaufen und man schob mich kurze Zeit später mit einem Behandlungsplan in der Hand aus der Tür. Schmerztabletten? »Ich weiß nicht, was Sie damit wollen«, sagte der Arzt, lächelte, und winkte zum Abschied.

Ich ging nach Hause, verbrachte den Tag mit Buch, Kühlkissen und taub gespritztem Kiefer und wachte am nächsten Morgen vollkommen schmerzfrei auf.

Und googelte.

Ich weiß, man soll ja nix googeln.

Vielleicht könnte ich ja den Heilungsverlauf optimieren? Sagen Sie nicht, Sie hätten so was noch nie gegoogelt.

So saß ich vor dem Computer, tippte mit dem Zeigefinger vorsichtig gegen mein Kinn und genoss die vollkommene Abwesenheit von Schmerzen.

Was ich einen Augenblick später zwischen Anzeigen für abstruse Alternativen zum Zahnimplantat im Internet las: »Sie können sich bildhaft ausmalen, dass die Entfernung eines Zahnimplantates bei manchen Patienten enorm schmerzhaft verläuft.«

Ich tippte gegen mein schmerzfreies Kinn.

Halleluja.

Ein Glück, dass ich das nicht eher gelesen hatte.

Nie wurde mir deutlicher bewusst, dass das Internet voll ist mit Müll. Jeder darf reinschreiben – das ist eigentlich eine demokratische Errungenschaft. Jede Meinung wird veröffentlicht, kein Redakteur, kein Verlag steht mehr dazwischen. Das ist gut, weil niemand sich mehr ärgern muss, weil er seine Meinung nicht laut sagen darf. Es ist aber auch ein Problem. Für die Presse gilt: Eine Zensur findet nicht statt, so steht es im Grundgesetz, Artikel 5. Für das Internet gilt: Eine Qualitätskontrolle findet nicht statt. Steht nirgendwo niedergeschrieben und gilt gerade deshalb. Deshalb dürfen Menschen unkorrigiert behaupten, die Schokoladendiät mache schlank, positives Denken mache glücklich und selbst Yoga könne eine Gewohnheit werden. In der Küche erst mal den Kühlschrank öffnen ist eine Gewohnheit. Umziehen, Matte auslegen, aufwärmen und 30 Minuten lang verbiegen ist keine Gewohnheit. Das ist ein Hobby. Das kann man sich anders einreden lassen, davon wird's aber nicht wahr.

Ein paar Seiten zuvor habe ich die Mechanismen hinter Clickbait und bestimmten Werbeformen erläutert, und wie sie uns zu Klick- und Konsumvieh machen sollen. Und wie beschrieben sind das recht normale, betriebswirtschaftlich betrachtet verständliche Mechanismen. Denken wir uns das Böse also weg und lassen die Moral mal außen vor.

Eine Qualitätskontrolle findet nicht statt

Betrachten wir lieber das eigentliche Problem: Das Internet ist voll mit Müll. Und weil die Botschaften oft so bequem sind, uns vielleicht sogar entgegenkommen, bleiben sie hängen. Sie erinnern sich vielleicht daran, dass Rotwein angeblich schlank macht.

Nathaniel Barr ist Professor für Kreatives Denken in den USA und hat den »Bullshit« im Internet erforscht. Dafür legte er 800 Menschen sinnentleerte Zitate vor. Die Probanden sollten dann bewerten, wie tiefgründig sie die Worte fanden. Es waren Sätze wie »Hidden meaning transforms unparalleled abstract beauty«, was schwer zu übersetzen ist, weil es keinen Sinn ergibt, auch keinen versteckten. Wörtlich betrachtet: Versteckte Bedeutung wandelt unvergleichliche abstrakte Schönheit. Oder so ähnlich. Der Satz stammt vom Autor Deepak Chopra, der zwar mal ein richtiger Arzt war, sein Geld jetzt aber lieber mit pseudowissenschaftlichen Büchern verdient.

Im Magazin »Quartz« beschreibt Barr die klaren Muster, die sich dabei abzeichneten: »Menschen, die eher religiös veranlagt sind oder an das Übernatürliche glauben und offener für alternative Medizin sind, waren für den Bullshit empfänglicher. Das Gleiche gilt für Menschen, die weniger analytisch oder intelligent veranlagt sind.«[36]

Wer eher reflektiert denkt und weniger intuitiv, für den funktionierten die Bullshit-Aussagen dagegen deutlich seltener. Diese Menschen hinterfragten die Gefühle, die sie beim ersten Lesen hatten, und stellten ihnen sachliche Analysen gegenüber. Ausgerechnet die vielgelobte Intuition macht uns also empfänglich dafür, an Lügen zu glauben.

Barr sieht die Bullshit-Gefahr in allen Bereichen. »Fake News« haben wir durchdiskutiert, Berichte zu Terroranschlägen, feiernden Muslimen, Impfstudien und so weiter. Im Internet ist einfach sehr viel Platz für Müll. Und selbst die Klügsten unter uns hinterfragen die Dinge nicht mehr, wenn etwas perfekt in ihr Weltbild passt.

Völlig absurd wird das Internet, wenn wir noch die menschliche Komponente dazurechnen: uns selbst. Stellen Sie sich vor, Sie würden einen Text über Bauchschmerzen schreiben. Was stünde da wohl drin? Ein paar mögliche Ursachen: Was Falsches gegessen. Blähungen. Stress. Solche Dinge. Aber weil Sie lieber nicht verklagt werden wollen, schreiben Sie noch den Satz darunter: »Bauchschmerzen könnten auch ein Zeichen für eine ernstere Erkrankung sein. In seltenen Fällen handelt es sich um Symptome von …«, und dann: »Bitte gehen Sie zum Arzt.«

Was macht der Mensch daraus: »Google auf keinen Fall! Da steht immer, dass man Krebs hat!«

Dieser Satz ist absurd, aber er veranschaulicht, wie dramatisch die Dinge in unserer Angstfantasie werden können. In diesen Fällen ist nicht das Internet das Problem – sondern unsere schiere Unfähigkeit, richtig zu lesen.

Ungesund wird unser Internet-Verhalten dann, wenn wir nicht mehr tief in die Materie eintauchen. Als Sie zuletzt Ihren Computer zugeklappt hatten, wie viele Tabs oder Fenster hatten Sie offen? Vermutlich waren es einige. Sie sammeln sich einfach an. Gute Artikel, die Sie unbedingt lesen wollen. Diese Doku auf YouTube, die Ihnen empfohlen wurde, die aber leider aus sechs Teilen mit je 90 Minuten besteht, und dafür hatten Sie bislang keine Zeit, aber irgendwann bestimmt. Und so weiter. Wir sind Tab-Messis geworden. Wir heben erst einmal alles auf, bestenfalls speichern wir die Links ab.

Und während es immer mehr Texte und Videos werden, die wir eigentlich gern anschauen würden, haben wir am Ende doch nicht mehr Zeit. Konsequenz: Irgendwann schließen wir das Fenster. Was dann von der Botschaft noch übrig bleibt? Bestenfalls die Überschrift. Und die, wie einige Seiten zuvor vermerkt, ist oft genug mit Vorsicht zu genießen.

Dieses Verhalten wird oft genug als Beleg dafür herangezogen, dass wir oberflächlicher werden, das Interesse an Informationen verlieren. Ein Stück weit stimmt das auch. Diese Kritik lässt aber außer Acht, dass wir deutlich mehr Informationen als früher verarbeiten müssen. Das Informationsangebot ist einfach größer. Dieser Text darüber, dass Yoga uns selbstbewusster macht, gammelt seit Tagen in einem Tab rum? Ja, und natürlich interessiert uns die Studie brennend. Aber dann ist da noch der Essay über Bullshit im Internet, das Bienensterben, der Hintergrundbericht zu den neuesten Querelen zwischen CDU und CSU,

Es ist ja alles interessant

die Biografie des Fußballspielers und... Es hört einfach nicht auf. Das Internet ist nicht nur voll mit Bullshit, es ist auch voll mit total interessanten Dingen. Anders als mit dem Stapel ungelesener Bücher zuhause ist das auch nicht. Irgendwann eskaliert's halt. Doch während der Kaufstopp bei Büchern schnell verordnet ist, ziehen aktuelle Nachrichten uns immer wieder an. Schwierig. Und diese Masse an guten Informationen schafft eben den Nährboden für Bullshit.

Peak Privacy (is over)

Gruseln Sie sich, wenn Sie im Netz Werbung für etwas bekommen, das Sie tatsächlich haben wollen? Mein Lieblingsbeispiel sind geplante und dann doch nicht verwirklichte Wochenendtrips. Tagelang zeigt mir das Internet noch, wie schön die Hotels am Zielort sind. Ganz so, als hätte da wirklich jemand gelauscht, als wüsste der Computer genau, woran er mich nur oft genug erinnern muss, damit ich endlich das Geld in die Hand nehme. Das Gleiche passiert übrigens auch, wenn ich tatsächlich gebucht habe. Als würden mehr Hotelangebote vielleicht mein Wochenende verlängern. Oder teurere Hotels mein Budget ändern.

Erwarten Sie eigentlich, dass dieses Phänomen wieder weggeht? Dass wir einen Mechanismus finden, der uns vor der Beobachtung schützt?

Genügend Menschen denken noch immer, dass sie ihre digitale Privatsphäre zurückbekommen werden. Doch diese Annahme birgt wenig Hoffnung. Dass Unternehmen all diese Daten von uns haben, macht sie erfolgreich. Die Argumentation ist immer wieder: »Damit wir den Service noch besser auf Sie abstimmen können«, gern auch: »Um Ihr Nutzererlebnis zu optimieren«. Und, wie erläutert, ist das ein Teil der Wahrheit: Die Unternehmen wollen bessere Produkte, bessere Dienstleistungen schaffen. Und die andere Seite ist eben: Unternehmen wollen wissen, wie sie uns verführen können, und dafür brauchen sie Zahlen. Zahlen kriegen sie nur, wenn wir Daten preisgeben, und das tun wir die ganze Zeit.

Vielleicht wäre es Sache des Gesetzgebers, genügend Macht auszuüben, die Datensammlung zu verhindern, wenigstens einzuschränken oder uns Bürgern die Datenhoheit zurückzugeben. Ich möchte Kontrolle haben, ich möchte mit einfachen Mitteln meine Datenspur überblicken und löschen können. Ich möchte mitverdienen, wenn ein Konzern mit meinen Daten Gewinne macht, immerhin ist Fairness einer unserer europäischen Grundwerte.

Noch dazu werden Daten genutzt, um uns zu manipulieren. Möglicherweise unser Wahlverhalten, indem scharfe Botschaften aus Bereichen angezeigt werden, die uns wichtig sind. Möglicherweise unser Konsumverhalten, indem uns Produkte gezeigt werden, die wir zwar nicht brauchen, aber unbedingt haben wollen, wenn man uns nur zeigt, wie sie unsere wunden Punkte heilen. Die Fülle an Daten, die wir selbst den Unternehmen zur Verfügung stellen, macht zielgerichtete Werbung für Optimierungskonsum überhaupt erst möglich. Früher machte man Experimente mit Konsumenten, sie waren dann eine Stichprobe der gewünschten Zielgruppe. Heute beobachtet man einfach alle Konsumenten. Wir sind Teil eines gigantischen

Versuchs in freier Wildbahn. Er ist komplex. Längst lässt er die Fähigkeiten selbst der größten Logik- und Mathegenies klein aussehen. Und wir normalen Alltagsmenschen haben es verdammt schwer zu verstehen, wie die Welt, in der wir leben, funktioniert. Das ist unheimlich. Und unsere Abwehrmechanismen müssen wirkungslos sein, weil wir gar nicht wissen, was wir da abzuwehren versuchen.

Frank Schirrmacher schreibt darüber in »Ego«:[37] »Finanzalgorithmen tarnen Aktiengeschäfte, um heranpreschende Raubtieralgorithmen in die Irre zu führen, oder Raubtieralgorithmen füttern andere ökonomische Agenten in Lichtgeschwindigkeit mit falschen Informationen, um die Preise in die Höhe zu treiben.« Jeder versucht, sich zu tarnen, aber besonders gut sind wir darin nicht. »Menschen legen sich Scheinidentitäten zu, basteln sich Facebook-Profile für den Personalchef oder die Bank. Ganze Staaten senden falsche Signale, um Märkte zu verwirren. Es ist eine Gesellschaft, in der man nicht nur anderen, sondern sich selbst misstraut.« Was wir dabei übersehen: Egal, ob wir falsche Namen oder falsche Geburtstage angeben – verräterisch sind nicht diese Stammdaten. Verräterisch ist unser Verhalten. Es macht uns einzigartig, und das wissen die Plattform-Unternehmen auch.

Mal ehrlich: Es ist absolut gruselig, dass ein Unternehmen mich in ein Cluster mit Millionen anderen Menschen steckt, schlicht anhand der Schwächen und Selbstzweifel, die wir teilen. Und dann die Schwächen der anderen auch an mir ausprobiert, vielleicht findet sich ja eine Schwachstelle, die mir persönlich noch gar nicht bewusst war, die sich aber mit etwas Geldeinsatz auch noch optimieren ließe. Und dann lassen sich die Daten auch noch verkaufen an andere Unternehmen, die sich dann auch an mir versuchen können. Witzigerweise stimmen wir dem selbst zu, wenn wir die Nutzungsbedingungen der Unternehmen abzeichnen und behaupten, sie auch gelesen zu haben, was aber nie jemand tut, weil wir dann keine Zeit für den Psychotest hätten, der uns verrät, ob wir im nächsten Leben eine Blumentopfschlange werden oder ein Motorradfrosch. Unser Leben ist zur Handelsware geworden, aber den Gewinn macht jemand anderes. Dabei steht der Wert der Daten, die wir preisgeben, in keinem Verhältnis zu dem, was wir dafür bekommen. Wir zahlen Wucherpreise und merken es nicht einmal.

Wir stimmen der Datensammlung ja zu

Das ist die Welt, in der wir leben?

Was für eine Scheiße.

Wir haben allen Grund, die Datensammlung zu begrenzen.

Und so sprechen wir noch immer über Privatsphäre, als sei sie etwas Natürliches, das es wiederherzustellen gilt. Doch das wird nicht passieren. Sie ist kein Urzustand und die Datensammlung ist nicht zu vergleichen mit schlechter Wasserqualität im Badesee, den Werkseinstellungen auf einem verstellten Smartphone oder zwölf Kilo Weihnachtsspeck. Es gibt nichts zu korrigieren. Privatsphäre war ein Phänomen einer industrialisierten, aber noch analogen Welt, in der wir die Gardinen zuziehen konnten, sodass die geheime Leidenschaft für Pornos geheim blieb. Unsere Welt wird, wenn es halbwegs gut läuft

Privatsphäre ist nicht normal

mit uns, nie wieder analog sein. So gesehen war Privatsphäre ein Sonderzustand für wenige Jahrzehnte. Kaum war sie da, war sie auch schon wieder weg, und diesmal kommt sie nicht zurück. Solange wir digital agieren, hinterlassen wir Spuren. Wie Fußspuren im Schlamm versteinert sind und die Bewegung früherer Menschen sichtbar machen, ziehen wir eine Spur durchs Internet, aufgezeichnet in Cookies auf unseren eigenen Computern, ausgelesen von den Betreibern der Plattformen und Websites, die wir nutzen.

Noch ein Beispiel? Gerade eben hatte ich Werbung für ein Gartenhaus in meiner Facebook-Timeline. Glauben Sie mir, ich habe in meinem ganzen Leben noch nicht nach Gartenhäusern gegoogelt. Ich habe zwar einen Garten, da passt aber kein Haus drauf. Auch kein kleines. Vielleicht eine Hundehütte. Für einen Zwergpudel. Was ich aber getan habe: Ich habe mit meinem Freund über das Haus gesprochen, das wir in ferner Fantasiezukunft einmal kaufen könnten. Und dass er dann ja ein Gartenhaus bauen muss. Gruselig?

Gruselig.

Keine Ahnung, ob da jemand – oder eher: etwas – gelauscht hat. Auf jeden Fall steht irgendwo ein Server, der weiß, dass ich im richtigen Alter für Gartenhäuser bin. Und er kommt zeitgleich mit mir selbst auf diesen Gedanken. Vielleicht hat er mir schon sechs Gartenhäuser gezeigt und ich habe nie reagiert, weil meine Sinne nicht dafür geschärft waren. Aber der Moment war gekommen. Das Internet war bereit, mir etwas zu verkaufen.

Im Sommer 2018 sollte die Datenschutzgrundverordnung »DSGVO« all das ein wenig transparenter machen. Es änderte sich nur eines: Die Balken, die wir auf Websites reflexartig wegklicken, wurden noch ein wenig dicker. Noch immer liest niemand, was dort steht. Es steht sowieso immer das Gleiche drauf, unterschieden nur durch wenige Varianten. Am Ende läuft es hinaus auf: »Wenn Sie Ihren Besuch fortsetzen, so stimmen Sie der Nutzung von Cookies zu«, und diese Cookies sind eben dazu da, unser Verhalten auf Websites zu beobachten. Wir tun es. Wir zahlen mit unseren Daten.

Auch deshalb ist die Zeit der Privatsphäre vorbei. Wir geben sie auf, und zwar bereitwillig und international. Wollten wir sie nun wiederhaben, die Kosten wären hoch. Wir müssten soziale Netzwerke aufgeben. Wir müssten jede Geschäftshandlung, die über das Internet läuft, aufgeben. Moment – eigentlich müssten wir überhaupt jede Geschäftshandlung aufgeben, denn schon der Supermarkt um die Ecke »optimiert« unser »Erlebnis«, indem er unsere Einkäufe analysiert, jedes Mal, wenn wir eine Kundenkarte vor den Scanner halten – und jedes Mal, wenn wir ihn nur betreten, denn auch unsere Bewegungen lassen sich beobachten. Mit Erlebnisoptimierung ist übrigens nur gemeint, dass wir mehr Geld ausgeben sollen. Aber wollen Sie deshalb den Supermarkt meiden?

Wir wissen schon, dass wir beobachtet werden. Trotzdem verstecken wir uns nicht. Das ist kein Anzeichen kollektiver Verdummung. Dass wir weiterhin mit datengetriebenen Unternehmen handeln und dass diese weiterhin wachsen, folgt simplen ökonomischen Grundsätzen. Erlauben Sie mir den kleinen Ausflug in die Wirtschaftswissenschaften, er wird einiges klarer machen.

Zum einen gibt es die positiven Skaleneffekte. Positive Skaleneffekte bedeuten, dass ein Unternehmen geringere Stückkosten hat, je mehr es produziert. »Stücke« können in diesem Fall Apps sein – die programmieren Sie einmal, dann kopieren Sie sie digital. Oder Dienstleistungen, die einmal erdacht und dann immer gleich angeboten werden. Aber auch Sofas, die einmal designt und dann nachgebaut werden. Der digitale Assistent, der mit lernendem Algorithmus Fragen beantwortet. Im Grunde alles. Schafft ein Unternehmen es, positive Skaleneffekte in seinem Unternehmenshandeln zu haben, wird es mit steigendem Wachstum überproportional steigende Gewinne haben. Ein Teil der Kosten wird auf immer mehr Sofas umgelegt. Die Gesamtkosten pro Sofa sinken also: Wenn ein Design 100 Euro kostet und Sie nur ein Sofa verkaufen, dann sind 100 Euro weg. Verkaufen Sie zehn, dann kostet das Design pro Sofa nur noch 10 Euro. Und immer, wenn Sie noch ein Sofa mehr verkaufen, steigt Ihr Gewinn pro Verkauf. Deshalb funktionierte die Industrialisierung so gut. Wer sich Investitionen leisten konnte, wurde mit sinkenden Stückkosten belohnt. Menschliche Weber müssen Sie jeden Tag bezahlen. Eine Maschine hat Anschaffungskosten und Wartungskosten. Sind diese Kosten pro Stück endlich geringer als der Lohn der Arbeiterin, verdienen Sie mehr Geld als vorher.

Und dann gibt es die Netzwerkeffekte. Die sind simpel: Alle Ihre Freunde sind bei Instagram, Sie melden sich auch an. Der Nutzen einer Plattform ist umso größer, je mehr Ihrer Freunde dabei sind. Sie melden sich so schnell nicht wieder ab, auch wenn Ihnen die Nutzungsbedingungen nicht mehr gefallen. Sie funktionieren auch für Sportvereine und sie machten einige Telefonanbieter groß, während andere vom Markt verschwanden: Als im Jahr 2005 die ersten Flatrates aufkamen, galten sie meist nur ins Festnetz und in das jeweils eigene Netz des Anbieters. Es lohnte sich also, den Vertrag dort zu schließen, wo Freunde und Familie es auch taten.

Verknüpfen wir Skaleneffekte und Netzwerkeffekte, sind wir in der Gegenwart angekommen. Lernende Maschinen, gern etwas übertrieben als künstliche Intelligenz bezeichnet, können mit einer Kombination dieser beiden Effekte immer bessere Produkte schaffen, individuell anpassbar und damit auf dem Weg zur Optimierung. Jeder Klick jedes Nutzers ist ein Feedback. Amazon zeigt Ihnen ein Buch für schnelleres Muskelwachstum an, aber Ihr Blick bleibt nicht einen Augenblick lang dran hängen? Signal: Das Buch war wohl nicht so passend, wie der Algorithmus es vorhergesagt hatte. Sie klicken drauf? Treffer. Der Algorithmus lernt. Skaleneffekt: Sie haben diese Formel einmal entworfen und können nun mit geringen Folgekosten beliebig viele Nutzer bedienen. Netzwerkeffekt: Je mehr Nutzer Sie haben, desto mehr Feedback bekommen Sie, desto besser wird Ihr Produkt und damit auch wertvoller für die Kunden. Bringen wir diese beiden Effekte zusammen, haben wir ein Geschäftsmodell, das bis auf Weiteres unschlagbar ist.

Privatsphäre will eigentlich keiner haben

Der Journalist Thomas Ramge hat das in seinem Buch

»Mensch und Maschine«[38] sehr präzise erläutert: »Der Feedbackeffekt der künstlichen Intelligenz wiederum führt dazu, dass Systeme immer smarter werden, je mehr Menschen und Maschinen Feedbackdaten liefern. Sie stehen im Zentrum der Lernprozesse digitaler Technologie.« Und er benennt Bereiche, in denen dies von Vorteil für jeden von uns sein kann: »Digitale Rückmeldungen werden in den nächsten Jahren autonome Fahrsysteme, Übersetzungsprogramme, Bilderkennung zum Beispiel für Diagnoseverfahren zur Marktreife führen.« Mit unseren Daten erziehen und trainieren wir Computer also zu starken Assistenten, die uns den Alltag erleichtern werden – und zwar als Fahrsysteme, als Übersetzer oder durch die Diagnose von Krankheiten. Das sind alles Dinge, die unser Leben besser machen werden, die Leben retten oder wenigstens das Abendessen.

Und deshalb wird es so schwer sein, Privatsphäre wiederherzustellen. Die Unternehmen haben kein Interesse daran – wir Kunden aber auch nicht. Die Idee der Maschine ist nicht der Feind. Klären müssen wir vielmehr, wie wir mit der Macht der Technologie umgehen und wem wir wie viel Macht geben.

Die kleinen Lösungen haben nicht funktioniert, schon mehrmals nicht. Datensammlung lässt sich weder begrenzen, noch reagieren die Nutzer ausweichend, wenn sie der Datenfreigabe zustimmen dürfen. Wir tun es einfach. Die digitale Aufklärung hat uns nicht gerettet. Daten sind zum Zahlungsmittel geworden und selbst Menschen, die das verstanden haben, zahlen den Preis gern. Diskutieren wir theoretisch, dann erscheint uns der Preis hoch. Doch im

Alltag, auf der Suche nach Informationen oder Unterhaltung, ist die Datenfreigabe nur ein billiger Klick.

Nur zwei Optionen stehen uns zur Verfügung, wenn wir tatsächlich etwas ändern wollen: die Extreme. Also entweder ein Verbot jeder Datenerhebung. Das ist jedoch nicht realistisch. Es würde uns schaden, weil es Forschung, nicht die experimentelle, sondern die reale, beobachtende Forschung mit großen Bevölkerungsteilen, unmöglich machen würde.

Daten für keinen oder Daten für alle

Oder die vollkommene Demokratisierung der Daten. Auch sie ist ein spannendes Gedankenexperiment. Was, wenn jeder, der Daten sammelt, zur Veröffentlichung verpflichtet wäre? Dieses Szenario mag erschreckend sein, doch birgt es einen interessanten Nebeneffekt: Unternehmen wären gezwungen, bewusster zu sammeln. Wer pikante Details preisgibt, der könnte seine Nutzer doch endlich verlieren. Wer Daten über Porno-Präferenzen sammelt, kann sich – vielleicht – von seinen Nutzern verabschieden. Nutzer würden lernen, ihre Daten besser zu schützen, weil sie endlich dazu gezwungen wären. Gleichzeitig könnten andere Firmen Schutzmaßnahmen entwickeln, um bestimmte Daten eben doch zu verbergen. Bislang gibt dafür niemand Geld aus – weil uns das Ausmaß der Sammlung nicht wirklich klar ist, genauso wenig wie die möglichen Konsequenzen.

Man könnte aber auch argumentieren, dass der Mensch sich an alles gewöhnt. Wir müssen uns jetzt an den Gedanken gewöhnen, dass wir den Geist nicht zurück in die Flasche bekommen. Wichtiger ist es, einen klügeren Umgang mit den Konsequenzen unserer digitalen Offenherzigkeit zu lernen. Denn das Ende der Privatsphäre macht uns verletzlich. Wir sind offen für die Versprechen der Unternehmen, weil sie so verdammt gut zu uns passen. Das kann uns in einen teuren, anstrengenden Optimierungskonsum treiben – für viel zu viele Menschen ist das schon längst geschehen. Im nächsten Schritt müssen wir neue Abwehrmechanismen entwickeln. Informationen besser und bewusster verarbeiten. Konsumentscheidungen weniger impulsiv treffen, etwas ausgeruhter. Fürs Erste ist das die einzige Verteidigung, die uns zur Verfügung steht.

Wir wissen, was wir tun

Facebook erstaunt uns immer wieder. »Man weiß ja gar nicht, was die mit unseren Daten alles anstellen«, lautet die Parole der Stunde – und das schon seit Jahren. Seltsam eigentlich. Denn wir wissen ganz genau, was die Unternehmen tun. Und folglich wissen wir auch, was wir tun. Als bekannt wurde, in welchem Ausmaß die Firma Cambridge Analytica Daten von Facebook-Nutzern gesammelt und genutzt hatte, wunderten wir uns nur noch über die Zahl: 50 Millionen Nutzer-Daten waren ausgelesen worden. Wow. Eine große Zahl. Wir staunten lautstark, Medien, soziale Netzwerke, sogar Debatten in der U-Bahn. Alles voll von dem Thema. Die Empörung ist richtig, denn Cambridge Analytica steht in dem Ruf, Daten zum Beispiel zur Manipulation von Wahlen zu nutzen. Daten, in den Händen der falschen Leute, gefährden unsere Demokratie. Und manipuliert wird hier nicht der Ausgang der Wahl, sondern die Wahlentscheidung. In unseren Gehirnen. Skandal? Natürlich.

Die Überraschung allerdings, die überraschte mich. Denn warum sollten sie nicht so viele Datensätze haben? Die 50 Millionen kamen zustande, weil 270.000 Menschen diese Daten freigegeben hatten – um an einem Persönlichkeitstest teilzunehmen, »This is your digital life«. Kein Witz, es gibt Menschen, die klicken auf so was drauf. Viele Menschen.

Die Nutzer waren gefragt worden, ob sie bereit sind, diese Daten zu teilen. Sie haben per Klick bestätigt, dass sie das wollen. Alle anderen Datensätze stammten aus den Kontaktlisten der Teilnehmer. Heute ist das technisch nicht mehr möglich; die Angaben von Freunden und Kontakten sind seit dem Jahr 2015 besser geschützt. Eigene können wir natürlich weiterhin frei verteilen.

Doch schon damals wussten alle, dass es geht.

Facebooks Nutzungsbedingungen sind nicht geheim. Sie sind noch nicht einmal gut versteckt. Jedes Update wird von einem Dutzend Experten durchgearbeitet und öffentlich verkündet, damit der normale Durchschnittsnutzer es nicht lesen muss. Jede Änderung wird heiß diskutiert, auf Facebook und in den Fachmedien. Die Experten tun so, als wüssten sie etwas, das alle anderen nicht wüssten, aber so ist es ja gar nicht! Nach jedem Update erscheinen Widerspruchsmeldungen in der Timeline. Die sind juristisch betrachtet zwar wirkungslos, weil die Nutzung des Netzwerks als Anerkennung der Nutzungsbedingungen gewertet wird, jedenfalls bislang. Diese kleinen Grafiken haben aber eine Funktion: Sie zeigen jedem, ja wirklich jedem von uns, dass es wieder etwas Neues gibt, mit dem viele nicht einverstanden sind. Schwer zu verpassen.

Da kann man nun wirklich nicht mehr von Geheimnis sprechen. Wir tun es trotzdem, weil das unsere allerletzte verbliebene Rechtfertigung ist. »Man weiß ja gar nicht« – Bullshit. Wirklich, das ist Quatsch. Sie wissen ganz genau, was Sie da machen. Alle anderen wissen es auch.

Testen Sie mal bitte kurz Ihren Schockzustand auf diese Informationen:

Facebook weiß, wo Sie wohnen.

Facebook weiß, in wen Sie verliebt sind.

Facebook weiß, wohin Ihr letzter Urlaub führte.

Facebook weiß, wo Sie gerade sind.

Facebook braucht dafür nicht Ihren GPS-Sender.

Facebook kennt Ihren Schlafrhythmus und weiß, ob Sie gern mal Gruppensex ausprobieren würden.

Und mit wem.

Und mit welchem Spielzeug.

Ich könnte das beliebig weiterführen und würde Sie doch nicht mehr überraschen, geben Sie es ruhig zu. Wir wissen nicht, was *konkret* in diesem Augenblick mit unseren Daten passiert. Aber wir wissen ganz genau: Wir haben sie freigegeben, und deshalb kann theoretisch *alles* damit angestellt werden. Wir haben dem zugestimmt, so einfach ist das. Facebook, Google (der Konzern dahinter heißt Alphabet), Amazon und Apple – mindestens einer dieser Konzerne kennt Sie verdammt gut, weil Sie ihm täglich Ihre

Seele offenbaren. Das ist der Preis, den wir für die Nutzung dieser Dienste bezahlen – wissentlich. Wir haben uns kollektiv dafür entschieden. Ausreden? Ich wüsste keine gültige. Menschen sind eben unvernünftig. Wir wissen auch, dass Zigaretten der Lunge schaden und rauchen dennoch. Alkohol ist ein Gift, eine Droge, die abhängig machen kann. Wir trinken dennoch. Fernsehserien sind eine Vergeudung von Lebenszeit. Wir schauen sie dennoch. Deshalb sind wir Menschen. Wir treffen unsere Entscheidungen selbst.

Angeblich ist es die Begabung der Vernunft, die uns von den Tieren abgrenzt. Aber vielleicht ist es umgekehrt. Kein Tier frisst eine Beere, die es als ungesund erkannt hat. Wir hingegen gewöhnen uns sogar an die schlimmsten Schockbilder auf Zigarettenschachteln. Wir kennen die Konsequenzen. Und niemand mag Vernunftpredigten hören, deshalb erspare ich Ihnen das jetzt. Ausnahmsweise. Sie wissen ja, was Sie machen. Sie entscheiden sich dafür. Das ist in Ordnung. Sie stehen dazu, weil Sie erwachsen sind.

Sie haben sich so entschieden

Genauso ist es im Internet aber auch. Sie wissen, Sie geben jeder Website Ihre Daten. Sie wissen, dass diese Website diese Informationen nutzt, um ihr »Nutzererlebnis« zu optimieren. Und Sie wissen auch, dass diese Optimierung nicht nach Ihren eigenen Bedürfnissen geschieht, sondern nach denen des Unternehmens.

Dann beschweren Sie sich halt nicht.

Ist okay. Ich tu's auch, ich verschleudere meine Daten im Vorbeisurfen. Handeln wir bewusst und stehen wir zu unseren Entscheidungen. Das reicht für den Anfang. Erst wenn uns unser Handeln bewusst ist, agieren wir als mündige Konsumenten. Sie wollen eine Lösung für Ihre Sorgen? Das ist die Basis von allem. Handeln Sie bewusst, sooft es geht. Das schärft Ihre Wahrnehmung für die Fälle, in denen Sie »nur mal schnell« etwas auf einer Website herausfinden wollen. So entstehen gigantische Datenbanken. Und sie sind wertvoll.

»Apple verkauft niemals deine Daten«, mit diesem Satz warb der Konzern im Herbst 2018 auf Twitter. Da wären sie ja auch schön blöd.

Was Unternehmen selbst mit ihren Daten anstellen können, ist deutlich einträglicher. Vor allem im Vergleich mit dem Vertrauensverlust, der mit einem Datenverkauf einhergeht. Apple selbst nutzt die Daten natürlich nur *für* seine Nutzer. Für unser Erlebnis. So nett.

P.S.: Und lassen Sie sich niemals von Ihren Facebook-Freunden erzählen, deren Profile seien »gehackt« worden, wenn sie wieder mal offensichtlich total unseriöse Links verschicken.

Die wurden nicht gehackt. Die haben auf einen offensichtlich total unseriösen Link geklickt, der Seite dahinter Zugriff auf ihr Profil gegeben, und dann haben sie sich gewundert, dass die Seite dahinter total unseriös war und weitere Links in ihrem Namen verschickte. Das hat nichts mit »gehackt« zu tun. Das ist einfach unvernünftiges Verhalten im Internet. Seien Sie vernünftig. Und wenn Sie nicht vernünftig waren, beklagen Sie sich bitte leise. Wir sind erwachsen, wir wissen, was wir machen. Es ist klug, sich dafür einzusetzen, die Rechte der Konzerne zu beschränken. Und es ist ausgesprochen dumm, so zu tun, als könnten wir unsere Daten frei ins Netz stellen, nur weil wir Datensammlung doof finden. Vom Dooffinden geht die Sammelleidenschaft der Konzerne nicht weg.

Kritik reicht nicht. Es ist unser Verhalten, das wir ändern müssen. Sonst dürfen wir uns nicht wundern, wenn wir immer weiter in die Selbstoptimierungsspirale hineingezogen werden. Das dafür notwendige Wissen haben wir den Konzernen selbst gegeben. Das lässt uns zwei Optionen: Wir können uns mit unseren Daten zurückhalten, um uns selbst vor den Manipulationsversuchen zu schützen. Oder wir wappnen uns gegen die perfekt individualisierte Werbung – die immer da ansetzt, wo es bei mir gerade wehtut.

6 Die Retter sind die eigentliche Gefahr

Das Leben sieht bei anderen leicht aus – ist es aber nicht. Erleichterung bringt es schon, hinter die Fassaden unserer Vorbilder zu schauen. Ihre Leichtigkeit ist auch nur eine weitere Verkaufsstrategie. Die Versprechen der Verkäufer klingen gut: Was heute noch anstrengt, soll bald zur Routine werden. Doch sie versprechen zu viel, und schlimmstenfalls gewöhnen wir uns neue Laster an, die das Leben weiter füllen und uns die Energie rauben.

Vorsicht vor denen, die uns retten wollen

Selbstoptimierung ist ein gigantischer Markt. Er wächst, solange wir daran glauben, dass wir noch nicht gut genug sind. Dass wir besser sein könnten, dass wir Potenzial verschwenden. Das sind hässliche Gefühle. Eine Unsicherheit, die selten an die Oberfläche tritt – wer denkt schon: »Heute müsste ich mich mal ein wenig optimieren?« So offene Sorgen lassen sich bekämpfen, aber geht es um uns selbst, ist es leider nicht so einfach. Es ist eine Unsicherheit, die im Verborgenen unsere Entscheidungen beeinflusst. Zwei Zustände sind aus Sicht der verkaufenden Unternehmen also optimal:

1. Wenn unsere Unsicherheit möglichst groß ist.
2. Wenn unsere Unsicherheit möglichst versteckt ist.

Um das *Wie* der Verkäufer ging es im fünften Kapitel. Dieses Wissen dient uns, die Mechanismen besser zu verstehen und sie im Alltag entlarven zu können. Es lohnt sich aber auch ein Blick auf das *Warum* und auf das *Wer*. Hinter der Optimierungsindustrie stecken Unternehmen mit Jahreszielen und Menschen mit Zielvereinbarungen. Aber eben auch: Menschen mit Ideen. Sie wollen unser Leben besser machen. So gut wie jedes Produkt beginnt sein Leben so klein, bevor es irgendwann zu einem Weltkonzern heranwächst, in dem ein finsterer Mr. Burns seine Fingerspitzen aneinanderlegt.

Vielleicht kennen Sie die Verschwörungstheorien, die Ihnen von den finsteren Machenschaften großer Konzerne erzählen? Dass sich alle absprechen, um unser Leben schwerer zu machen? Uns das Geld zu nehmen? Uns die Zukunft zu ruinieren? Ich hatte mal einen Freund, der war überzeugt, dass alle gegen ihn sind und dass er deshalb sein Leben nicht auf die Reihe bekommt. Die teure Privat-Uni will zum Beispiel, dass er möglichst lange bleibt, deshalb fällt er durch Prüfungen. Der Telefonanbieter spekuliert doch darauf, dass er die Rechnung vergisst. Und der Gerichtsvollzieher hatte einfach noch nicht kapiert, dass er gar kein Recht hatte, seine Sachen mitzunehmen.

Glassplitter im Labello, Chemtrails, Impfstoffe machen krank, damit die Pharma-Konzerne mehr verkaufen... Verschwörungstheorien. Die Welt ist voll davon, doch das meiste davon ist Bullshit. In den meisten Unternehmen sitzen Menschen, die haben eine Idee von ihrem Job, und nach der versuchen sie jeden Tag zu leben. Stellen wir uns also die Werbeprofis als ganz normale Leute vor. Nicht böse. Ohne besonderen Groll auf die Welt. Die haben nichts gegen uns. Die müssen einfach nur erfolgreich sein, und das sind sie, wenn sie möglichst viel von unseren privaten Einnahmen in Einnahmen ihres Unternehmens verwandeln. Mit einer solchen Grundeinstellung gehen wir gesünder durchs Leben als mit Verschwörungstheorien.

Teilen wir die Welt in Gut und Böse ein, kommen wir trotzdem immer wieder bei der Optimierung an. Denn irgendwer sieht immer gut aus, das ist Teil jeder klugen Marketingstrategie. Ich will Sie nicht überreden, Ihr Geld bei Unternehmen zu lassen, deren Verhalten Ihren ethischen Ansprüchen nicht entspricht. Sie können Ihr Geld ausgeben, wie Sie wollen, und wählen Sie dabei gern jene Unternehmen, die sich uns und unserer Zukunft gegenüber fair verhalten. Das fände ich großartig!

Gut und Böse führen wieder in die Optimierung

Ich möchte nur davor warnen zu verteufeln. Denn das Gegenextrem ist genauso gefährlich. Die wollen alle Geld verdienen, auch die Guten, die ihre Mitarbeiter besser behandeln und den Planeten weniger ausbeuten. Das gute Gefühl kann – und soll – uns wieder in einen Optimierungskonsum locken, den wir eigentlich nicht nötig haben. Niemand verkauft Bioschnitzel, weil er den Planeten so liebt. Selbst die besten Menschen der Welt müssen Miete bezahlen und wollen ihren Kindern Taschengeld geben. Selbst die guten Unternehmen handeln gewinnorientiert, und Gewinne machen sie, wenn wir draufzahlen. Diese Erkenntnis kann aus Liebe Hass machen – oder wir tun etwas Ungewöhnliches: Wir nehmen das einfach mal so hin.

Klar geht's am Ende um unser Geld, unsere Daten. Hinter einem Produkt steckt aber oft genug einfach eine Idee und die Erkenntnis: Diese Idee hat mein Leben besser gemacht. Sie könnte das Leben aller anderen auch besser machen, also gründet der Entdecker ein Unternehmen, um seine Idee vielen zugänglich zu machen. Und dann muss die Firma Geld verdienen. So kommen wir zur Werbung.

Wir kaufen, wenn wir einem Unternehmen gegenüber ein gutes Gefühl haben, also der Marke vertrauen. Deshalb ist Werbung so wichtig, deshalb verdienen Menschen, die Werbung können, so viel Geld. Und deshalb sind Markenbotschafter so erfolgreich. Sympathische Menschen werben für sympathische Produkte. Wer so sein will wie der sympathische (schöne, schlanke, sportliche, erfolgreiche) Markenbotschafter, der greift zu. Und eigentlich wissen Sie das auch, oder? Klar. Aber dann ist da diese knallbunte Flasche mit dem super gesunden Smoothie drin und Sie können es wieder nicht erwarten, Ihre Geldscheine zu verteilen.

Sie tun das nur für sich selbst?

Ich weiß. Das ist das allerbeste Verkaufsargument überhaupt.

Wir tun das alles nicht für die anderen, nicht, um perfekt zu wirken. Wir tun das alles für uns selbst, um perfekt zu *sein*. Von innen.

Und wir glauben ganz, ganz fest daran. Die perfekten Konsumenten.

Die Markenbotschafter tun ihre Arbeit auch nur für sich selbst – für ihr Bankkonto. Influencer nennt sich die Branche auf Social Media. Influencer ist weder ein Hobby noch ein besonderer Status. Es ist ein Beruf. Menschen werden dafür bezahlt. Sie arbeiten für ihr Geld, und das ist keiner von den leichten Jobs, wenn auch von außen recht glamourös. Alle paar Wochen kommt dann ein Journalist angelaufen und fragt entrüstet, warum denn die Influencer ihre Auftraggeber nicht auch mal kritisieren. Deutlicher kann er gar nicht mehr werden, der Bruch zwischen Erwartungen an die heile Werbewelt und der harten Realität, dass beim Geschäftemachen Geschäfte gemacht werden. Das gilt sogar, wenn die Geschäftspartner sehr jung sind und was im Internet machen. Wir täten gut daran, etwas weniger überrascht zu tun, wenn Menschen ihr Geld mit dem verdienen, was sie den ganzen Tag lang tun. Weniger Empörung und geringere moralische Erwartungen können uns von der Illusion befreien, endlich etwas gefunden zu haben, das objektiv und rein gut für uns ist. Jemanden, der es gut mit uns meint. So funktioniert die Welt nicht! Keiner kommt, um uns zu retten. Wir müssen schon unser eigenes Urteilsvermögen benutzen.

Viele Influencer werben für Reiseziele und bekommen dafür Flugtickets und schicke Hotelzimmer. Andere zeigen uns Beautyprodukte, Eiweißshakes, Nudeln mit Ketchup, Heimwerker-Projekte mit dem Lieblingsbaumarkt, Tee-Sorten. Tee ist sowieso das heimliche Selbstoptimierungsprodukt schlechthin, achten Sie mal drauf. Immer wieder sehen wir das gute Leben. Das Leben, das wir auch führen könnten, wenn wir nur kaufen. Im Tee werden uns gute

Gefühle verkauft, dabei sind noch nicht einmal entsprechende Kräuter enthalten. Und gute Gefühle sind ein verdammt guter Grund, Geld auszugeben. Emotionen können in jedem Produkt stecken, wenn die Werbung gut gemacht ist. Sie sind unser verwundbarstes Einfallstor: Mit diesem Pullover kann ich so strahlend glücklich sein, wie die Werbe-Ikone gerade aussieht? Emotion an, Rationalität aus: Shut up and take my money.

Influencer funktionieren so gut, weil sie authentisch wirken. Sie sind junge Stars, die außer Bildbearbeitung und Ausstrahlung gar nicht so viel zu bieten haben, aber gerade das macht sie greifbar. Nicht jeder kann wie Beyoncé Songs schreiben, auf der Bühne stehen und um die Welt touren. Aber jeder kann mit einer Tasse Lindenblütentee in einen weiten Strickpullover eingekuschelt am dampfenden Pool das letzte Abendlicht in den Alpen betrachten. Und natürlich rutscht der Strickpullover von der Schulter und natürlich hat die Markenbotschafterin keinen BH nötig. Das perfekte Leben eben. Das erzeugt ein Gefühl von Neid, das sehr unterschwellig ist. Die Bilder sind schön, deshalb sehen wir sie uns gern an. Sie inspirieren uns. Sie könnten Orientierung bieten, zum Träumen verleiten, Rettungsanker sein in einer Welt, die uns mit Angeboten überschwemmt.

Der Neid ist unterschwellig

Könnten sie. Tun sie aber nicht. Eigentlich sind sie nur Teil der Welle. Noch mehr, das über uns schwappt. Keine Inspiration, sondern nur eine weitere Messlatte.

Bitte nicht falsch verstehen, ich halte Markenbotschafter nicht für böse Menschen. Sie sind ein notwendiger Trend. Sie zeigen uns etwas Positives: Das schönere Leben ist erreichbar, auch ohne Gitarrenkurs, Sportinternat oder Model-Akademie. Das ist erleichternd. Es befreit uns von der Bürde unserer mittelmäßigen, gar so normalen Vergangenheit. Das bessere, außergewöhnliche Leben ist greifbar. Die Kehrseite ist, dass die Instagram-Vorbilder uns ein Leben zeigen, das käuflich ist. Das macht es ja so greifbar. Es geht nicht mehr um Fähigkeiten, es geht um Konsumentscheidungen. Meine Reise, mein Diätshake, mein Blumentopfdesign. Mach ein paar Klicks, warte auf den Paketboten und schon ist dein Leben besser, jedenfalls, wenn du es dir leisten kannst und wenn du nur weißt, welche Regler du bei der Bildbearbeitung in welche Richtung schieben musst. Doch diese Erreichbarkeit hat kein potenzielles Ende. Es gibt keine Sättigung. Man kann genug Waschmaschinen haben, aber niemals genügend Blumentöpfe. Schon gar nicht, wenn sie in diesem Jahr kupferglänzend strahlen müssen und im kommenden matt-türkis mit Muscheln drauf. Rettung ist in Sicht, aber sobald wir nach ihr greifen, will uns schon der Nächste retten. Und zwar vor der vorigen Rettung. Bis wieder ein neuer Retter kommt. Ein endloses Kompetenzgerangel der Trends. Ein bisschen wie Lifestyle-Tinder.

Sobald wir das durchschaut haben, sind wir der Freiheit schon sehr nahe. Wir müssen weder uns selbst optimieren noch unseren Konsum. Wir müssen nur herausfinden, was wir wollen. Unabhängig von all dem, was andere wollen. Und völlig unabhängig von dem, was wir haben könnten. Wir haben vergessen, dass es darauf nun wirklich nicht ankommt.

Masterplan Umerziehung

So. Viel. Stress.

Kennen Sie das? Der Tag war lang und Sie haben keine Ahnung, was Sie gemacht haben, aber es war irgendwie anstrengend? Oder das Gegenteil: Sie wissen genau, was Sie gemacht haben. Es hat alles super geklappt. Es lag eine positive Anspannung im Raum, alle haben am selben Strang gezogen, das Projekt fühlt sich super an und für morgen sind Sie perfekt vorbereitet. Stress? Jaja, schon. Aber im Guten! Das sind die Tage, an denen nur noch eine kleine Kleinigkeit schiefgehen muss, und das Kartenhaus bricht zusammen. Die Bahn fährt Ihnen vor der Nase weg? Stress. Ihre Mutter erzählt, wie schlimm ihr Tag schon wieder war? Stress. Sie wollen Ihre Verabredung absagen, aber Ihre beste Freundin lässt Sie nicht? ALARM!

Alles zu viel. Wie diese Leute aus der Werbung für Kopfschmerztabletten, denen links und rechts Züge aus den Ohren fahren.

Wir hinterfragen das schon gar nicht mehr. Wir haben Stress, die ganze Zeit, immer. Denn moderne Menschen haben einfach Stress. Er ist zum zentralen Merkmal des erfolgreichen, energiegeladenen Menschen geworden. Stress ist ein Lifestyle und wir denken, er sei einer, auf den wir stolz sein könnten. Wer ein Burn-out hatte, der hat wenigstens gebrannt. Wer keinen Stress hat, der macht einfach nicht genug. Potenzialverschwender, was gäbe es Schlimmeres?

Ich sehe da vor allem ein Problem mit der Wahrnehmung. Menschen haben Stress, weil sie gar nicht merken, wenn sie keinen Stress haben. Schlimmer noch: Menschen wollen gar nicht mehr wahrhaben, dass sie mal keinen Stress haben. Bestenfalls ist es positiver Stress, Stress, dem wir gewachsen sind und der uns wachsen lässt. Natürlich. Aber irgendein Stress muss sein, sonst läuft etwas schief – und dann fühlen wir uns nicht ausgelastet.

Herzlichen Glückwunsch, Sie haben erfolgreich Ihr Urteilsvermögen zur Sonne geschossen. Wer sagt eigentlich, dass Stress überhaupt sein muss?

Anspruch ist wichtig. Er ist ein Motor. Anspruch bedeutet, noch nicht zufrieden zu sein, weiter zu streben. Das ist manchmal ganz gut. Zum Beispiel, wenn Sie eine Sprache lernen, Gehirne operieren oder Häuser bauen. Lohnt sich schon, sich da anzustrengen. Anspruch ist schlecht, wenn er sich plötzlich auf jeden Lebensbereich ausdehnt. Doch genau das ist es, was uns vermeintlich die Gesellschaft, tatsächlich aber vor allem die Werbung, vorlebt. Seid anspruchsvoll! Macht euch Druck! Stellt euch dem Stress! Und kauft euch die Auszeit. Kauft euch Dinge, die euch besser performen lassen – alle anderen schaffen es doch auch. Und dir fehlt nur noch das perfekte Kopfschmerzmittel dazu.

Das ist doch das Verrückte an den modernen Menschen. Ständig behaupten sie, sie wollen mehr »Ich« und weniger getrieben leben, und das Gegenteil kommt dabei heraus: Die Suche nach dem Ich treibt uns nur noch weiter an. Und weil das Ich immer im Kontext funktioniert, läuft es vor uns weg. Das wahre

Seid brave Konsumenten – verbessert euch!

Ich existiert quasi in einem Quantenzustand und damit vollkommen abhängig von der Rolle des Beobachters. Oft genug sind wir selbst der Beobachter und spätestens dann wird klar, dass das Ich nicht als konstanter Zustand existieren kann. Deshalb ist die Suche danach ja so anstrengend.

Aber Hauptsache, wir hören nicht auf. Die Suche nach dem besseren Ich, egal ob leistungsfähiger, netter, resilienter, treibt unsere Wirtschaft an. Besser geht schließlich immer und genau so wird es uns auch suggeriert. Seid brave Konsumenten – verbessert euch. Für euch selbst!

Eigentlich sind wir zu schlau dafür. Aber die Verkäufer auf der anderen Seite, die wissen ganz genau, was sie tun. Und sie wollen nur unser Bestes. Unser Geld. Und unsere Daten. Wir sollen unser Verhalten ändern *wollen*. Am Ende ist es nichts anderes als eine Umerziehung hin zu einem Zustand, in dem wir uns selbst ständig verändern wollen, denn Veränderung ist teuer. Mindestens kostet sie Energie, im – für die Verkäufer – Idealfall kostet sie uns aber auch Geld. Geld, das wir dann wieder beschaffen müssen, für die nächste Idee. Rechnen Sie mal aus, was Ihre Avocados/Vitaminshakes/Chia-Samen im Jahr kosten. Da dürfte mindestens ein freier Tag bei rausspringen. Von Menschen, die sich in den Bergen übergroße Strickpullis von der Schulter hängen lassen, fange ich lieber gar nicht erst an. Nicht falsch verstehen, bitte. Ich habe nichts gegen Konsum. Ich habe aber etwas gegen Konsumversprechen, die unhaltbar sind und uns nur tiefer in eine Spirale aus Arbeit, Druck und neuem Konsum ziehen. Es ist ein System, das uns zu einem stetigen Mehr erziehen soll, aber mehr hat noch nie für Leichtigkeit gesorgt, es sei denn, Sie investieren in mehr Helium, und ich bin nicht sicher, ob das hilft.

Was könnte es Schlimmeres geben als Zufriedenheit? So sind wir wie das Eselchen, dem mit einer Angel eine Möhre vor die Nase gehalten wird. Das Glück ist immer nur einen Sprung entfernt und doch niemals erreichbar. Der Esel muss lernen, anders glücklich zu werden, aber das sagt einem ja wieder keiner. Das war eine der wichtigsten Lektionen meiner Recherchen zu meinem Buch »Die Entdeckung des Glücks«. Egal, was man Ihnen suggeriert: Sie können das Glück nicht in Umständen finden und schon gar nicht in Produkten oder finanziellem Wohlstand. Wer ein gutes Leben führen will, der kann das nur mit seinem eigenen Verhalten beeinflussen. An alles andere gewöhnen Sie sich schneller, als Sie sich vorstellen können. Egal, ob es das Auto ist, der Glückstee oder das Eckbüro. Denken Sie nur mal an Ihr erstes Gehalt zurück und wie gut Sie heute davon leben könnten. Geht so? Tja.

Der Stress lohnt sich nicht

Quintessenz: Der Stress lohnt sich nicht. Wir sollten ihn uns nicht einreden, nicht einreden lassen und schon gar nicht danach suchen. Wir sollten uns gegen ihn verteidigen, wenn er – und das tut er regelmäßig – doch einmal über uns kommt. Strebsamkeit hat nur dann einen Wert, wenn sie uns als Menschen voranbringt. Streben wir dagegen nach den Zielen anderer, dann machen wir auch nur die anderen zufrieden. Das ist Fremdbestimmung! Wir denken, wir erfüllen uns unsere Träume, doch in Wahrheit laufen wir nur dem nächsten Trend nach, getrieben von einem Lifestyle namens Stress. Erst werden uns die Probleme eingeredet und dann sollen wir Geld ausgeben, um sie wieder zu lösen. Sei du selbst, kauf, was alle anderen kaufen, um sie selbst zu sein. Und wehe, du nennst es

Selbstoptimierung. Nenn es Selbstfindung. Das optimale Selbst ist schon da, es versteckt sich nur. Das ist die Botschaft. Und sie verkauft sich ziemlich gut.

Etikett Selbstoptimierung

Das gute Leben steckt in den kleinen Dingen. Sie wissen schon, die Dinge, die gratis sind oder eine verdammt gute Investition in uns selbst. Das hat schon fast religiöse Züge angenommen, anstelle der traditionellen Religionen. Und weil in unserer Zeit alle ständig ganz viel Stress haben müssen, heißt das magische Wort: Auszeit.

Wir haben uns so mit Sorgen vollgepackt, dass Auszeiten die einzige Lösung scheinen. Glücklicherweise gibt's auch Auszeiten in den kleinen Dingen. Im Tee zum Beispiel. Selbst das aromatisierte heiße Wasser verspricht uns nun mehr Leichtigkeit.

»Detox Plus« steht auf dem Tee, den meine Freundin Judith mir neulich serviert hat. Hat mich spontan eher nicht so begeistert. »Statt Kartoffelchips?«

»Wo denkst du hin? Die kommen gleich. Trink«, sagt sie, und ich trinke. Schmeckt immerhin interessant. Drin sind primär Brennnesselblätter und Krauseminze, beides lecker. Brennnesselblätter kennen Sie, wenn Sie schon mal dachten, Wassereinlagerungen würden Sie fett machen und dabei den Unterschied zwischen Wasser und Fett nicht bedacht haben. Sonst noch drin: Löwenzahn in Kraut und Wurzel, Birkenblätter, ein paar andere Sachen und marine Algen. Mhhhmmmm, marine Algen. Lecker. Und von Natur aus glutenfrei.

Ich mag solche Tees manchmal ganz gern. Sie sind komplex und lecker, und während sie noch ziehen, verändert sich mehrmals der Geschmack. Gleichzeitig nervt mich der Trend. Denn wer Tee wegen der Botschaft kauft, der kann auch kreativ beschriftetes Wasser trinken.

Wir stellen uns als Konsumenten ausgesprochen blöd an. Wir glauben einfach, was man uns sagt. Deshalb gibt es jetzt auch die diversen Vitaminwässerchen und deshalb schmecken sie so wahnsinnig ekelhaft. Früher schrieb man einfach »Vitaminreich« auf einen Saft und stellte das ins Regal, irgendwer würde es schon kaufen. Dann kam die EU (danke, EU) und verbot den Quatsch, denn normaler Saft enthält zwar Vitamine, aber Sie müssten Hunderte Liter trinken, um auf eine adäquate Tagesration zu kommen. Und dann wären Sie erstens tot und zweitens überzuckert, weil Fruchtzucker auch Zucker ist. Wir haben dermaßen das Vertrauen in unser Essen verloren, dass wir jedem glauben, der uns Gesundheit verspricht. Lieber nicht so genau hinschauen, sonst ist die Idylle sofort entzaubert. Doch leider sind Vitamine nicht besonders lecker, Sie kennen das aus den Brausetabletten, die Mama uns immer aufzwang, als wir Kinder waren. Wird nicht wirklich besser, wenn das Gesöff schon im Werk angerührt wird. Wir geben also ganz schön viel Geld für eine ganz schön ekelhafte Plörre aus. Man muss Gemüse schon sehr hassen, um mit Geld und Würgereflexen draufzuzahlen für Vitaminwasser statt Tomatensalat. Und das nur, weil auf der Flasche irgendwas mit Vitaminen und Mineralstoffen draufsteht, das Ihr Leben besser machen könnte. Man

Wir haben vergessen, wie man konsumiert

könnte das auf die Tomate auch draufschreiben, ist Ihnen das klar? Und haben Sie überhaupt Mangelerscheinungen? Mal einen Arzt gefragt? Wirklich viele Menschen haben keine Mangelerscheinungen, hatten noch nie welche und wenn sie welche haben, dann nicht die, die sie denken. Trotzdem geben sie Geld für Gesundheitsprodukte aus – »schaden kann es ja nicht«. Sie würden staunen, *wie* das schadet. Man kann einige Vitamine tatsächlich überdosieren. Und Sie erziehen sich selbst und Ihre Liebsten dazu, bei Wehwehchen gleich zu Pillen zu greifen.

Man muss Gemüse schon sehr hassen

Außerdem ist der Selbstoptimierungskonsum eine hervorragende Ausweichhandlung. Wie diese Menschen, die denken, sie müssten kein Gemüse essen, weil sie ja schon das gesunde Vitaminpräparat haben. Wie diese Leute, die denken, sie müssten nicht schlafen, sie könnten einfach einen grünen Wachmacher-Tee trinken. Selbstbetrug, alles miteinander.

Gönnen Sie sich mal das Experiment, ganz bewusst einzukaufen. Gehen Sie zum Supermarkt und schauen Sie, was Ihnen alles angedreht werden soll und mit welchem Etikett. Fitness-Brot, Vital-Drink, Glücksschokolade, Low-Carb-Salat, das komplette Tee-Regal.

Supermärkte sind voll mit vielversprechenden Begriffen, die unser Leben besser machen wollen. Ohne stichhaltige Begründung, aber dafür mit hochtrabenden Etiketten. Ein Tempel der Verheißung. Ein Tempel der Verarschung.

Low-Carb-Salat. Merken Sie selbst, oder? Und wenn Sie einen Vital-Drink suchen, nehmen Sie Leitungswasser.

Wenn Sie Chia-Samen so verdammt lecker finden, dass Sie nie wieder eine Scheibe Toast ohne essen wollen: geschenkt. Kaufen Sie das Vital-Fitness-wasauchimmer-Brot und viel Spaß mit Ihren Chia-Samen. Besser als Mohn schmecken sie ja wirklich, also: Guten Appetit.

Aber wir alle müssen endlich Widerstandskräfte gegen die Reizwörter auf den Etiketten entwickeln. Ansonsten sind wir keine mündigen Konsumenten. Und das ist das genaue Gegenteil von Freiheit, Selbstbestimmung und ganz sicher das Gegenteil von Leichtigkeit im Alltag. Manchmal trägt uns der Selbstoptimierungskonsum sehr weit weg von dem guten Leben, das wir uns eigentlich wünschen.

Sag das Zauberwort

Am Ende wollen sie alle nur eines: geliebt werden. Denn wer nicht geliebt wird, der verdient kein Geld. Deshalb ist es in der heutigen Zeit so wichtig für ein Unternehmen, gut auszusehen. Hinter uns liegen Jahrzehnte der globalen Ausbeutung. Wasser, Böden, Arbeiter, die Luft, die Ozeane, die Lebern und die Bauchspeicheldrüsen: Unternehmen haben nur so um sich geschlagen, sobald sie irgendwo eine neue Einnahmequelle entdeckten. In den Worten der Band *Die Ärzte*: »Und dann, dann kam die Wende – unser Leid war zu Ende.«[39]

Die Wende ist natürlich das Internet. Plötzlich sind Konsumenten informiert, jedenfalls theoretisch. Blöd für die Unternehmen, deren Profit auf der Ausbeutung diverser Ressourcen aufbaut: Wenn so was plötzlich jeder weiß,

ist man mit einem Mal gar nicht mehr der beliebteste Textilhersteller. Die Unbeliebtheit vollzieht sich in mehreren Schritten:
1. Wie schrecklich – da sollte man nicht kaufen!
2. Mist – alle anderen sind viel teurer!
3. Okay, na gut, kauf ich da halt doch!
4. Oh – eine Alternative!
5. Adios, böser Weltkonzern. Hallo, sympathisches Start-up!

Viele Start-ups mit teuren Alltagsprodukten würde es gar nicht geben, wenn sich die großen bei ihrem Aufstieg zu Weltmächten nicht so unfassbar bescheuert angestellt hätten.

Aber sie sind ja nicht machtlos. Sie können immer noch behaupten, zu den Guten zu gehören. Wenn man das oft genug laut genug und in der richtigen Farbe behauptet, sickert die Botschaft irgendwann ein. »Greenwashing« nennt sich das, wenn das Unternehmen sich einen ökologischen Anstrich verleiht, »Whitewashing« ist etwas allgemeiner, irgendwie auf alles bezogen. Dabei tun Unternehmen so, als sei ihnen der Planet oder das Wohl der Arbeiter wichtiger als ihre Profitabilität. Grüne Handlungsmotive, weiße Weste. Und in beiden Fällen geht es darum, nicht übertrieben negativ aufzufallen, weil sich die Konsumenten sonst abwenden würden – hochgradig geschäftsschädigend, diese neue Liebe zu Mensch und Planet. Die Unternehmen müssen sich an die Wünsche ihrer Kunden anpassen, sonst tun's andere. Das grüne McDonald's-Logo oder die Conscious-Kollektion von H&M – alles gute Sachen, keine Frage. Und doch nur eine neue Verlockung in guter

Gesellschaft der anderen Optimierungsunternehmen. Sie signalisieren: Mit uns siehst du besser aus. Nicht nur optisch, sondern auch moralisch.

»Healthwashing« gibt's auch schon, und es soll Produkte bezeichnen, die durch das neue Image gesünder wirken, auch wenn der Begriff ein wenig verunglückt ist. Solange kein Ehec auf der Schale klebt, werden die wenigsten Lebensmittel gesünder, wenn man sie in Wasser wäscht. Auch nur ein weiteres Etikett.

Wie Produkte kleben auch wir Menschen uns Zauberwörter auf, die uns besser wirken lassen. Das ist Manipulation. Wir manipulieren uns, andere manipulieren uns.

Worte sind mächtig. Achten Sie mal darauf. »Die unterschätzte Gefahr«, »Wundermittel aus der Natur«, »Gründer Harald mit seinem wertvollen Projekt« und so weiter. Unsere Alltagssprache ist voll mit Wertungen. Schon Eltern schubsen ihre Kinder mit kleinen oder großen Bemerkungen in eine bestimmte Richtung, ach schau doch mal, der *leckere* Brokkoli, mmhhhhmmm. Und schon als Kinder sind die meisten von uns viel zu schlau, in die Falle zu tappen. Man sollte meinen, sobald man erwachsen ist, lassen andere Leute einen mit ihrer Meinung in Ruhe. Doch genau das tritt nicht ein. Kleine Signalwörter sollen uns zum Umdenken bringen. Und damit wieder zum Konsumieren.

Wir waren schon als Kinder zu schlau

»Neurolinguistisches Programmieren« nennt sich dieses Vorgehen. Eigentlich stammt es aus der Psychotherapie. Das Konzept ist durchaus umstritten, vielen gilt es als unwissenschaftlich, einige halten es für unwirksam, andere für plausibel. Die Grundidee: Durch geschickte Gesprächsführung und Wortwahl werden wir verführt, bestimmte Entscheidungen zu treffen, Dinge zu bewerten oder Handlungen zu beginnen. Simpler gesagt: Ein paar Zauberworte oft genug gehört, und unser Gehirn macht, was die Verkäufer wollen. Oft geht es dabei um eine positive Einstellung zum Produkt. In Kapitel 3 hatten wir allerdings auch schon auf das Thema Angst geschaut, denn auch sie ist ein Verkaufsargument. Oder eine Kombination aus beidem: Du hast ein Problem – dieses Produkt löst es. Wer an so was glaubt, der hat als Kind vermutlich zu viel Brokkoli gegessen.

Installieren wir uns also ein Frühwarnsystem. Wir sind umgeben von Marketing, das uns Angst machen oder uns positiv einnehmen soll für Produkte, die wir gar nicht brauchen. Zum Glück ist der Durchschnittswerber doch eher mittelkreativ. Deshalb gibt es entlarvende Begriffe und Sätze und, tja, sie wiederholen sich ständig.

»Fitness...«
Das Gefühl dahinter: Iss! Es macht schön, schlank und sportlich und alles, was du tun musst, ist kauen!

»Die bekannte/berühmte/renommierte...«
Die solltest du aber kennen – alle anderen kennen sie auch! Vertrau ihr!

»Geheimnis«
Wir erzählen es zwar jedem, aber das dann immer ganz exklusiv. Hier kommt das Produkt, das dir dein Leben lang vorenthalten wurde – andere haben es schon!

»Exklusiv«
Hat sonst keiner. Keiner!

»Einfach«
Du hast ein Problem? Aber nur, weil du die super simple Lösung noch nicht kennst.

»Gesund und lecker«
Das schmeckt! Ehrlich! Und es ist so gesund! Die Leute, die gesund leben, finden das alle lecker! Vielleicht ist dein Geschmack einfach nicht gesund?

»Naturprodukt«
Das haben schon die Leute in der Steinzeit gegessen und die haben ja wohl auch überlebt! Fortschritt ist gefährlich!

»Sichern Sie sich jetzt...«
Bevor wir uns entscheiden, es nicht mehr zu verkaufen, weil wir unser Produkt so geil finden, dass wir es lieber behalten, als Geld damit zu verdienen.

Die Liste lässt sich noch sehr lange weiterführen. Eine Sprache wie diese ist eine notwendige Entwicklung in einer Welt, in der Produkte in Konkurrenz um Zeit und Geld der Kunden stehen und Wettbewerbsfähigkeit eine Frage des (Konsumenten-)Glaubens ist. Selbstverständlich gilt dabei: Wer nicht wirbt, der stirbt. Ich wünschte mir nur, wir würden nicht rund um die Uhr für dumm verkauft werden. Wie wenig Respekt vor dem Intellekt anderer Menschen haben eigentlich Werber, die uns mit Phrasen und Begriffen aus diesem und dem vorangehenden Kapitel verführen wollen? Naturprodukt? Pfeilgift-frosch-Gift ist auch ein Naturprodukt und ich schmiere es mir trotzdem nicht aufs Bio-Brot. Ich möchte das nicht. Ich möchte nicht für dumm verkauft werden, und ich möchte nicht gezwungen sein, ein Produkt zu kaufen, dessen Verkäufer dann auch noch stolz auf ihre billigen Tricks sind.

Ich möchte nicht für dumm gehalten werden

Es gibt Produkte, für die ist eine so hochtrabende Sprache natürlich absolut angemessen. Staubsauger zum Beispiel. Wenn Sie noch nie etwas von Staubsaugern gehört haben, sollten Sie das Konzept unbedingt mal recherchieren. Staubsauger sind großartig. Leider kamen nach Staubsauger, Geschirrspülmaschine und Rasenmäher nicht mehr so viele Produkte mit ähnlichem Potenzial. Aber das macht nichts. Gute Werbesprache funktioniert unabhängig von dem Scheiß, den sie verkaufen soll. Und manchmal fühlen wir uns ja schon besser, wenn wir nur ein wenig Geld in unsere Probleme investiert haben. Leider ist das ein sehr kurzfristiges Vergnügen.

Der Autor Marc-Uwe Kling löst dieses Problem in seinem Roman »Qualityland«[40] sehr geschickt. Er nimmt die Kaufentscheidung aus dem Handel raus. Computer kennen ihre Kunden und verschicken Waren automatisch. Rückgabe? Nicht vorgesehen, denn das würde die Fähigkeiten des Algorithmus infrage stellen. Lesen Sie das Buch, Sie werden viel Spaß haben. Vor allem, weil alles leider gar nicht absurd klingt. Auch Fachleute halten das Konzept für denkbar.

Wirtschaftsprofessor Scott Galloway zum Beispiel. Er schreibt in »The Four«[41] über Sprachassistenten wie Amazons Echo (den kennen Sie auch als »Alexa«) und den amerikanischen Shop Amazon Go, in dem Kunden beim Verlassen automatisch bezahlen: »Kurzfristig deuten Go und Echo darauf hin, dass das Unternehmen auf eine Null-Klick-Bestellung in all seinen Abteilungen zusteuert.« Und das könnte uns in Klings »Qualityland« führen: »Durch die Nutzung von Big Data und unerreichte Kenntnisse der Kaufgewohnheiten der Verbraucher wird Amazon schon bald ihren Bedarf an Waren ohne die Reibungsverluste durch Entscheidung oder Bestellung erfüllen.«

Die Ökonomin Shoshana Zuboff schreibt: »Egal, ob es um ›intelligente‹ Geräte für zuhause geht, um ›verhaltensorientierte‹ Versicherungsprämien oder irgendeine von Tausenden von anderen Transaktionen, wir sehen uns entmündigt und müssen dafür auch noch bezahlen.«[42]

Was nach düsterer Dystopie und Fremdbestimmung durch Unternehmen klingt, fällt in Wahrheit nur wieder in die Kategorie: Wir werden uns schon dran gewöhnen. Gut für den Versandhandel, schlecht für unsere Freiheit. Und die Werbebranche mit ihren Zauberwörtern und strahlenden Markennamen, die wird auch nicht begeistert sein.

Was sollen die Leute denken?

Sie haben ja bestimmt mal von Kim Kardashian gehört. Vielleicht behaupten Sie nonchalant, die gar nicht zu kennen, aber die meisten Menschen haben dennoch ein Bild vor Augen. Kurz-Abriss: Amerikanerin, hat absurd reiche Eltern, wurde durch ein Sexvideo mit einem Sänger bekannt, wurde Star ihrer eigenen Reality-TV-Serie, machte in Mode, heiratete einen Rapper und verdient heute sauviel Kohle mit Werbung und ihren eigenen Klamotten. Nicht gerade eine Selfmadewoman, aber objektiv betrachtet eine patente Geschäftsfrau. Kim K. hat ihr Leben schon ganz gut im Griff. Kardashian kassierte im Sommer 2018 Kritik, weil in ihren Brüsten Blutgefäße sind und man sie bei einer Party sehen konnte. Also die Blutgefäße. Man muss sich das einmal vorstellen! Blutgefäße! Im Dekolleté! Und das, nachdem sie zwei Kinder geboren hat. Wie so ein echter Mensch!

Ganz, ganz schlimm.

Das deutsche Magazin »Stylebook« ließ sich ausführlich über das »Beauty-Fettnäpfchen« aus.[43] Nur falls Sie gerade an hervortretende Krampfadern denken, leicht zuckend und blutrot: Es waren wirklich nur ein paar feine bläuliche Linien im richtigen Licht, deutlich hervorgehoben durch geschickte Bildbearbeitung.

So läuft das nämlich. Irgendwas gibt's einfach immer zu meckern und deshalb auch zu verbessern. Deshalb gibt's jetzt auch Make-up für die Brüste. Falls es Sie interessiert: Die Expertin bei »Stylebook« empfiehlt Camouflage, wasserfest und vollkommen blickdicht. Damit's auch bei

Schweiß nicht abgeht. In Frauenzeitschriften erfahren wir derweil, wie man sich die Waden schlankschminkt und auf Instagram gibt's Tutorials für aufgemalte Bauchmuskeln. Für Frauen *und* Männer übrigens. Die Botschaft bleibt klar: Du musst es nur wollen. Abdeckstift macht alles besser. Auch dich. Manchmal glaube ich, dass die Gegenwart uns einfach verarscht.

Körper, als offensichtlichstes Merkmal unserer Gesamtexistenz, geben uns den offensichtlichsten Anlass des Anstoßes. Die Erhaltung von Jugend und Fitness ist dabei gar nicht das Kernproblem der körperlichen Selbstoptimierung. Der Drang zur Veränderung ist es. Denn ganz anders sieht es aus, wenn Menschen mit dunkler Hautfarbe plötzlich blasser werden wollen, ihre Gesichter auf den Covern von Magazinen sogar künstlich nachbearbeitet werden. Asiatinnen lassen sich in schmerzhaften Operationen die Beine verlängern, Europäerinnen die Lippen aufspritzen. Auch das ist Optimierung, hin zu Idealen, die sich einfach irgendjemand ausgedacht hat. Eine Pervertierung des menschlichen Strebens nach Verbesserung.

Lassen wir uns auf die Optimierung des Körpers gedanklich einen Moment ein, fällt auf: Sie war das Eingangstor. Mit den Körpern fing alles an. Da brauchen Sie nur mal von den Kleidern – und dadurch gemachten Körperformen – der Renaissance über die wilden 20er-Jahre in die 50er, 80er bis in die Gegenwart zu denken. Seit Hunderten von Jahren versuchen Menschen, sich einem Ideal anzupassen. Leider sind diese Ideale ziemlich kurzlebig geworden und dafür gibt es einen Grund.

6 Die Retter sind die eigentliche Gefahr

Ich habe in diesem Buch viel Wert darauf gelegt, dass wir uns bewusst machen, dass wir selbst uns einem Optimierungsdruck aussetzen, angelockt von unseren Möglichkeiten. Aber das ist ja nicht die ganze Wahrheit, das haben die vorangehenden Seiten sehr eindrücklich gezeigt. Selbstoptimierung kommt auch von außen. Da draußen gibt es so einige Leute, die sich das Recht herausnehmen, uns zu sagen, dass wir besser werden müssen. Sie tun das mit einer solchen Überzeugung, dass wir sie vor lauter Schreck in unser Leben lassen. So sind die Menschen, die uns Rettung versprechen, zur eigentlichen Gefahr geworden. Sie gefährden unsere Freiheit und unseren Seelenfrieden. Jemand ruft einen neuen Trend aus, und Zack! Tausende Frauen rennen los und lassen sich Nadeln ins Gesicht stechen für ein »Vampire Facial« (sollten Sie das recherchieren wollen, tun Sie es nicht, wenn Kinder in der Nähe sind) oder schminken sich das Dekolleté, weil man das jetzt ja so macht.

Optimierungsdruck von innen und außen

Diese Hörigkeitsreflexe sind nichts anderes als eine schlechte Angewohnheit. Das wird nirgends deutlicher als bei der Optimierung des eigenen Körpers. Bei Karrierezielen oder trendigen Hobbys wird wenigstens noch rudimentär hinterfragt – geht es um den Körper, dann sind unsere Tore offen. Und während Gurus der Schönheit und Fitness uns ständig gute Angewohnheiten propagieren, sind diese oft genug als *echte* Routine in keinem Hirn der Welt zu verankern, weil sie dafür viel zu komplex sind. Gleichzeitig ist es verdammt schwer, die schlechte Angewohnheit der Trendhörigkeit loszuwerden. Die Versprechen klingen ja alle so verdammt plausibel.

Diese Gewohnheit kommt natürlich aus dem ältesten Bedürfnis der Welt: der Fortpflanzung. Der Soziologe Pierre Bourdieu hat das sehr hübsch aufgeschrieben.[44] Könnte jetzt kurz wehtun:

»[Frauen] existieren zuallererst für und durch die Blicke der anderen, das heißt, als liebenswürdige, attraktive, verfügbare Objekte. Man erwartet von ihnen, dass sie ›weiblich‹, freundlich, sympathisch, aufmerksam, ergeben, diskret, zurückhaltend, ja unscheinbar sind. Und die angebliche ›Weiblichkeit‹ ist vielfach nichts anderes als eine Form des Entgegenkommens gegenüber tatsächlichen oder mutmaßlichen männlichen Erwartungen, insbesondere hinsichtlich der Vergrößerung des männlichen Egos. Auf den Blick des anderen angewiesen, um sich selbst zu konstituieren, sind sie in ihrer Praxis fortwährend an der antizipierten Wertung ihres körperlichen Erscheinungsbildes, ihrer Art der Körperhaltung und -präsentation orientiert.«

Bourdieu hat das im Jahr 1998 geschrieben – noch gar nicht so lange her. Ich war da zwölf Jahre alt und kann aus dieser Perspektive sagen: Die Welt wird besser. Frauen werden stärker. Dennoch ist dieses Mindset sehr tief verwurzelt und es funktioniert noch immer. *Was sollen die Leute denken?* Möglicherweise sagt diesen Satz seit den 1950ern niemand mehr laut – prägen tut er uns bis heute. Damals wie heute liegt in der Individualität etwas Bedrohliches und ich meine damit nicht das Gefühl der Abweichung, auch wenn das zweifellos unangenehm ist. Doch die Dimension ist heute eine ganz andere.

Während Bourdieu damals noch von der Front »Männer gegen Frauen« sprach, sind die Männer inzwischen mit ins Boot geklettert und lassen den gleichen Quatsch mit sich machen. »Verkäufer gegen Konsumenten« heißt es heute, wobei es sich anfühlt wie »die ganze Welt gegen mich«. Bourdieu übersieht dabei, dass wir uns vom eigenen Geschlecht oft viel stärker unter Druck gesetzt fühlen als vom anderen. Vom eigenen Geschlecht erwarten wir uns Akzeptanz – eines unserer Grundbedürfnisse. Auch darum kämpft die Selbstoptimierung. Akzeptanz war schon immer überlebenswichtig. Wer negativ herausstach, drohte aus der Gruppe ausgeschlossen zu werden, und allein lässt es sich schlecht überleben. Eigentlich hat sich nichts verändert, nur der innere Aufgabenkatalog ist größer geworden.

Optimierung ist auch der Kampf um Akzeptanz

Individualität ist unkalkulierbar. Stellen Sie sich mal eine Welt vor, in der jeder kauft, was er will! Sie müssten ständig genügend Güter bereithalten, um jede Nachfrage zu befriedigen, wüssten aber nie, was die Leute wollen. Schwierig. Und deshalb höchst unwillkommen. Und sagen Sie nicht, Sie seien doch so wahnsinnig individuell. Avocados essen, Ikea meiden und Chucks-Turnschuhe tragen ist *kein* Ausdruck von Individualität. Das machen alle anderen auch.

Ein gutes Maß an Gleichförmigkeit ist deshalb gut für die Produzenten und Verkäufer. Nur dürfen die Konsumenten das natürlich nicht merken. Was tut man da? Genau: Man verkündet regelmäßig neue Trends und sagt: »So individuell wie du.« Unter diesem Satz finden Sie im Internet Pauschalreisen, Hautcremes, Plattenbau-Wohnungen, Deckenleuchten und Kühl-Gefrier-Kombinationen.

Und weil wir alle gern denken, wir seien individuell, glauben wir das dann und hinterfragen es nicht einmal mehr. Individualität täte auch ganz schön weh, wenn sie mit Abweichung einherginge. Einen Eigenwert hat sie auch nicht, denn wer individuell sein will, der denkt bei seinen Entscheidungen doch wieder an alle anderen.

Der Weg zu einem guten Leben ist ein anderer. Die Welt ist komplexer, als wir sie gern hätten, aber weniger komplex, als sie uns in dunklen Stunden vorkommt. Alles, was wir brauchen, ist eigentlich schon längst da. Nur die Störgeräusche sind zu laut – weil wir sie lassen.

Vom Leben:
Wehren wir uns!

7 Wir können die Welt anhalten

Wenn wir unsere eigenen Bedürfnisse wieder in den Mittelpunkt stellen, sind wir gegen die Selbstoptimierungsfallen der Konzerne besser gewappnet. Wir können uns selbst beibringen, das Leben besser zu machen, statt es einfach nur weiter zu füllen. Und dazu gehört, dass wir endlich anerkennen, dass wir nicht alles haben können. Die gute Nachricht ist: Das Leben ist viel geiler, wenn man nicht alles hat.

Seid egozentrisch!

Das muss alles aufhören. Ich möchte schon gar nicht mehr von *Selbst*optimierung sprechen, weil sie doch in Wahrheit viel zu wenig mit mir selbst zu tun hat. Ständig geht es um die Ideen anderer. Selbst nach Monaten der Analyse kann ich mich jetzt bei jeder Konsumentscheidung fragen: Ist das mein Wunsch? Wünscht sich das jemand anderes? Der Konzern? Die Gesellschaft? Diese kleine Stimme in meinem Kopf, die eh immer zu viel redet? Anstrengend. Kein Wunder, dass Menschen auf Selbstfindungstrips gehen. Bei all den verschiedenen Einflüssen würde mein Ich von heute das Ich von vor zwei Jahren auf der Straße wohl kaum noch erkennen. Das ist schön, weil ich mich in vielerlei Hinsicht zum Guten verändert habe. Es ist aber auch problematisch. Wenigstens etwas langsamer dürfte es gehen.

Optimierung ist ein Wirtschaftsfaktor geworden. Früher verteilte man Produkte auf Menschen, heute verteilt man Konsumenten auf Produkte. Aber ich möchte nicht auf Produkte verteilt werden. Ich möchte gut genug sein. Ich finde mich sogar gut genug – und ich möchte nicht mehr suggeriert bekommen, dem sei nicht so.

Wir brauchen also Strategien gegen den Optimierungskonsum.

Das, was uns in einem solchen Konsumgefüge helfen kann, ist Egozentrik. Böses Wort, ich weiß. Doch dröseln wir es einmal auf, ist es vielleicht gar nicht mehr so schlimm. »Ego«, das bin ich, oder in Ihrem Fall: Sie. Das »centrum« ist der Mittelpunkt. Der Vorteil an Mittelpunkten ist ja, dass sie ausgesprochen stabil sein können.

Wir verteufeln Menschen gern, die sich in den Mittelpunkt stellen, und vergessen dabei vollkommen, dass ein jeder Mensch im Zentrum seines eigenen Lebens steht und es ganz schön unangenehm werden kann, wenn dieser Mittelpunkt verrutscht. Und ebenso muss ehrliche Egozentrik gar nichts Schlimmes sein. Ich kann mich hervorragend selbst in den Mittelpunkt stellen, ohne dabei irgendjemanden zu vernachlässigen, zu benachteiligen, ungerecht zu behandeln oder ihm sonst wie auf die Füße zu treten. Egozentrik und Egoismus sind einfach nicht das Gleiche, auch wenn sie zunehmend synonym verwendet werden. Egoistische Menschen stellen ihr eigenes Interesse über das der anderen. Sie verschaffen sich Vorteile zum Nachteil anderer.

Aber egozentrische Menschen sind nicht automatisch Egoisten.

Ich würde dieses negative Bild gern grundlegend überarbeiten, das wir von Menschen haben, die sich selbst in den Mittelpunkt stellen. Egozentrische Menschen erkennen sich selbst an, behandeln sich mit Respekt, achten auf ihre Bedürfnisse. Egozentrische Menschen, vielleicht gepaart mit einer gewissen Menschenfreundlichkeit, ruhen in sich selbst und sparen Energie, die sie statt in ihre eigenen Krisen in die ihrer Freunde investieren können. Daran schon mal gedacht? Plötzlich kann Egozentrik richtig sympathisch aussehen. »Sich für andere einsetzen kann man aber nur dann, wenn man mit sich selbst im Reinen ist«, schreibt Melina Royer in ihrem Buch »Verstecken gilt nicht«.[45] Und das ist so wahr. Sie fährt fort: »Wenn ich mein halbes Leben lang damit beschäftigt bin, wie dumm und schlecht ich bin, habe ich logischerweise wenig Energie für andere übrig.« Das ist die negative Egozentrik. Jene, in der wir darum kreisen, wie wahnsinnig viel Optimierungsbedarf wir haben. Doch sie bringt uns nicht weiter, sie bremst uns nur. Kommen wir zu einer besseren.

Für alle unsere Entscheidungen darf durchaus gelten: mehr Ich, weniger die anderen. Weil ein »mehr Ich« das genaue Gegenteil davon ist, andere Menschen zu vernachlässigen. Ich tue meiner häuslichen Freundin keine Gewalt an, wenn ich auf ihre neueste Produktempfehlung mal verzichte. Dafür bin ich ehrlich zu ihr und wir lernen uns ein kleines bisschen besser kennen.

Ist die Abkehr vom stetig Besseren also gut für alle?

Auf gar keinen Fall. Wenn wir aufhören, uns ständig verbessern zu wollen, halten wir die Welt an. Sie dreht sich langsamer. Stellen wir uns einmal vor, wir äßen, worauf wir Lust hätten. Wir trügen, was uns vor Monaten so gut gefiel, und obwohl es so viel anderes gibt, gefällt es uns noch immer. Wir reisten um die Welt oder nur ein paar Stunden mit dem Zug, ohne daran zu denken, wie andere es finden. Wir machten ein Selfie und wären einfach zufrieden mit dem ersten Versuch. Wir sähen uns selbst im Spiegel, ohne uns zu sorgen, was andere an diesem Anblick schlecht finden könnten. Nennen Sie es Ausgeglichenheit, inneren Frieden oder Balance.

Wir hätten *endlich* Ruhe.

Das ist die Chance, die darin liegt, ein wenig egozentrischer zu denken.

Viele der inneren Stimmen, die uns Tag um Tag mit ihren Ideen und ihrer Kritik plagen, sind in Wahrheit nur Stimmen, die wir anderen unterstellen. Wir machen sie uns zu eigen. Vielleicht die Mutter, die einen sauberen Haushalt wünscht. Die Freundin aus früheren Tagen, die immer etwas zu meckern hatte. Der Ex-Partner, der fand, wir seien »nicht dick – nur unsportlich«. Oder die Style-Journalistin, die so böse über blaue Adern unter der Haut hergezogen hat. Die Bloggerin, die ein Leben ohne Yoga, Kaffee oder regelmäßige Fernreisen unerträglich findet.

Wir tragen schon in jungen Erwachsenenjahren einen ganzen Chor von Leuten mit uns herum. Ihre Stimmen, ihre Kritik und ihre blöden Ideen machen wir uns zu eigen. Und dann kommen noch jene Stimmen dazu, die wir nie gehört haben – die wir uns selbst ausgedacht haben.

Kein Wunder, wenn wir uns irgendwann selbst nicht mehr hören.

Das bessere Leben gibt's gratis

Ich bin ja auch so ein Konsumopfer. Das merke ich immer dann am stärksten, wenn es mir nicht gutgeht. Ich verkrieche mich daheim und bestelle Zeug. Neue Sachen sind eine hervorragende Flucht aus dem eigenen Elend. Wir können sie sehen, anfassen, neue Reize spüren, schön ist das. Und natürlich wissen wir alle, dass Einkaufen uns nicht nachhaltig glücklich macht. Diese Studien sind ja nichts Neues. Wer Befriedigung daraus zieht, ein neues Kleid zu tragen, der wird bald ein weiteres brauchen. Denn das neue Kleid ist bald nicht mehr neu. Der Reiz ist weg, die Freude tritt zurück und reiht sich ein in die Masse von »Ich hab nix Schönes anzuziehen«-Gefühlen. Gilt für Autos genauso, ist dann nur noch teurer.

Wenn wir das eigentlich alle längst wissen, warum ist es dann so schwer, danach zu leben?

Zwei Gründe stehen im Vordergrund. Der eine: Wir vergleichen uns ständig mit anderen und bei anderen gibt es gefühlt ständig etwas Neues. Dazu kommen wir gleich. Der andere Grund: Unternehmen beschießen uns ständig mit neuen Reizen, neuen Konsumideen. Und jede kleine (oder große) Investition könnte die letzte sein, die, die uns endlich glücklich macht. In den 1990ern kauften wir alle EastPak-Rucksäcke, weil die 30 Jahre Garantie haben. So. Und wer von Ihnen trägt seinen heute noch? Genau. Keiner. Das zieht sich durch das ganze Leben. Teure, hochmoderne Smartphones, damit man so schnell kein neues braucht und oh!, wieder ein neues Modell. Na gut, diesmal aber wirklich.

Wir bescheißen uns die ganze Zeit selbst.

Tausend kleine Helferlein, die uns das Leben leichter machen sollen, tausend kleine Ideen, die unser Leben schöner machen sollen, uns selbst besser und ironischerweise oft genug: ruhiger. Es kann nicht funktionieren, weil es nie aufhört. Wir haben uns eine Verhaltensweise anerziehen lassen, die uns zu Hunden macht, die ihre eigenen Schwänze jagen und sie doch niemals erwischen können. Es ist eine ewige Jagd.

Also bleiben wir doch mal stehen. Keine Sorge, ich will ja gar nicht, dass Sie jedem Konsum abschwören und Ihre Karrierepläne begraben. Mir ist Ihr Konsum egal, Ihre Karrierepläne sind es sowieso. Ich würde nur ernsthaft vorschlagen, einige Entscheidungen besser zu hinterfragen. Ruhiger. Vernünftiger. Wir müssen uns alle daran gewöhnen, dass wir selbst genug sind, auch ohne Morgenroutine, Karriere-Coach oder das neueste It-Piece vom Trend-Designer. Sie brauchen auch nicht den nächsten Ratgeber – lesen Sie erst mal Ihren Bücherstapel, da liegt mit Sicherheit noch genug drauf und starrt Sie vorwurfsvoll an.

Wir müssen lernen, Ruhe zu finden. All den Einflüssen von außen eine Absage zu erteilen.

Ich verspreche, jeden Tag ein Spaziergang im Park wird Sie bedeutend glücklicher machen als jeden Abend eine halbe Stunde auf der Website des Mode-Versandhauses. Er wird Ihre Gedanken besser ordnen als die komplexe Planungsmethode für den nächsten Tag – die sowieso bald wieder durch eine neue ersetzt wird.

Streben hat uns nicht glücklich gemacht, also versuchen wir es oft genug mit neuem Streben. Härter. Weiter. Anstatt einfach mal etwas weniger zu streben und einfach mehr zu *sein*. Wir müssen lernen, uns selbst wahrzunehmen und das anzuerkennen, was gut an unserem Leben ist.

Ich stelle mir seit meinem letzten Buch »Die Entdeckung des Glücks« jeden Abend dieselbe Frage: Was war heute gut?

Und sie ist leicht zu beantworten, wenn man ein paar Tage lang geübt hat. Manchmal war es nur das Abendessen, mal ein unerwarteter Anruf, oder aber der Tag war einfach nur besser als der vorherige. Egal. Irgendwas findet man immer. Das Beste daran: Es ist gratis. Diese Übung ist wahnsinnig klein, aber sie trainiert die Wahrnehmung, und darauf kommt es an. Weil wir viel zu oft einfach übersehen, was gerade gut ist. Weil die Sorgen, der Ärger oder einfach nur die Unzufriedenheit gerade so groß sind. Weil wir irgendetwas suchen und überzeugt davon sind, dass wir es nicht in unserem Leben haben, aber beschaffen können. Denn wenn es schon da wäre, dann ginge es uns ja besser und diese Gedanken sind einfach dumm und falsch. Wir vergessen, *was* wir haben. Weil wir uns daran gewöhnt haben. Und damit meine ich nicht das tolle Auto oder das schicke Kleid – obwohl auch sie uns durchaus länger Befriedigung verschaffen könnten, als es in der Praxis dann eintritt. Ich meine andere Dinge. Freunde. Familie. Ruhe. Diese gemütliche Ecke in der Wohnung, die vielleicht gar nicht als Wohlfühlplatz gedacht war, es dann aber wurde. Die Freiheit, abends eine halbe Stunde für sich zu haben. Egal. Schauen Sie mal in das Leben, das Sie schon haben. Nehmen Sie es einfach mal wieder richtig wahr. Sie werden staunen.

Und nein, die Freunde haben auch nicht ständig etwas Neues. Das bilden wir uns ein. Und ich kann es beweisen.

Neid muss man erst mal lernen

Meine Freunde waren, während ich dieses Buch schrieb, auf Mallorca, auf Bali, auf Kreta, in Rumänien, Slowenien, Kroatien, Italien, auf Berghütten, in Schweden oder wenigstens an irgendwelchen Seen in Brandenburg. Ich saß an meinem Esstisch und draußen wurden uns die Fahrräder geklaut. Keine schöne Bilanz. Da kann man schon mal schlechte Laune kriegen. Instagram hat mir nicht mehr wirklich Spaß gemacht: Blauer Himmel, grüne Landschaft, türkisfarbenes Meer und, meine Güte, müssen die alle so gute Laune haben? Selbst die, die zu Hause geblieben waren, hingen ständig in Freibädern rum. Ich hatte eine Plastikschale mit Wasser an meinen Füßen und einen Tisch voll mit Arbeit. Neidisch? Ich doch nicht. Niemand ist gern neidisch. Der Autor Rolf Dobelli nennt den Neid »die sinnloseste, unbrauchbarste und giftigste aller Emotionen«.[46] Sein »goldener Pfad« ist so simpel wie undurchführbar: »Vergleichen Sie sich mit niemandem, und Sie werden ein neidfreies Leben genießen.« Einen Bogen um Social Media sollen wir machen, nicht mehr zu Klassentreffen gehen und irgendwo hinziehen, wo wir selbst die soziale Oberschicht sind. Und dann sollen wir noch an all das denken, was das Leben der Beneideten schlechtmacht. Finden Sie super? Herzlichen Glückwunsch, Sie sind ein Arschloch.

Wir wissen sogar, dass wir die dunkelsten Stunden der anderen oft gar nicht mitkriegen. Das Paar, das auf Kreta war zum Beispiel – gute Bekannte, sehr nette Leute. Karrierepaar, man weiß nie, wer gerade erfolgreicher ist. Da kann man trotz aller Sympathie schon mal neidisch sein, heimlich natürlich. Als ich bei denen nach dem Rechten fragte, erfuhr ich, dass sie vorher vier Monate flachgelegen hatte. Vier Monate! Im Sommer! Die war seit unserem letzten Treffen nicht mehr vor der Tür gewesen! Was ist das überhaupt für ein Zeitrahmen für eine Mitte-Dreißig-Jährige? Niemand sollte so lange so schwer krank sein. Plötzlich gönnte ich ihr die Kreta-Reise von Herzen, und erst recht das türkisblaue Meer.

Aber gut, Einzelfall. Gegen mein Selbstmitleid war das jetzt auch nicht wirklich hilfreich. Außerdem weiß man ja, dass man im Internet immer nur die guten Zeiten sieht. Und solche guten Zeiten hatte *mein* Leben gerade wirklich nicht zu bieten. Die Masse erschlug mich. Alle sahen die Welt, ich sah meinen Computer vor mir. Ich versuchte, eine ähnliche Reise zu planen, was natürlich utopisch ist, und spätestens in diesem Augenblick dürfte uns auch der Denkfehler klarwerden. Wir verlangen Unmögliches von uns – und sind dann beleidigt, wenn wir es nicht auf die Reihe bekommen. Wenig beeindruckend, liebes Gehirn, wenig beeindruckend.

Wenn ich alle meine Freunde in die Waagschale werfe und mich danebenstelle, kann das ja nicht gut ausgehen. Wir vergleichen uns – aber wir vergleichen uns falsch. Und zwar grundsätzlich zu unseren Ungunsten. Wir vergleichen unser einzelnes Leben mit der Masse der Leben aller anderen. Natürlich kommen wir da nicht so gut bei weg!

Sich zu vergleichen ist normal, es ist menschlich. Gerade mit Freunden. Sie haben oft ähnliche Lebensbedingungen wie wir, stammen vielleicht aus derselben Gegend, haben das Gleiche gelernt oder studiert. Etwas verbindet uns. Was uns trennt, ist der Unterschied zwischen dem Ich und den anderen. Egal, für wie selbstlos wir uns selbst halten: Zu Beginn dieses Kapitels hatte ich bereits festgestellt, dass unser eigenes Leben sich im Idealfall um uns selbst dreht. Das macht alle anderen Menschen automatisch etwas kleiner. Nicht absolut, sondern nur aus dem individuellen Blickwinkel. Fangen wir dagegen an, die anderen zusammenzufassen und uns gegenüberzustellen, dann können wir Einzelwesen ja nur verlieren. Es gibt Studien über Studien, die uns sagen, wie böse der Neid ist. Facebook und Instagram machen uns unglücklich, weil wir

Wenn schon Neid, dann richtig

neidisch sind. Kain erschlug Abel, weil er neidisch war. Biene Maja wird in der Schule von Austauschbiene Hannah bedroht, die neidisch ist. Es kommt zu einem Unfall mit schlimmen Folgen und erst als Hannah ihren Neid überwindet, wird alles gut.

Und im Märchen von Schneewittchen[47] heißt es:

»Da erschrak die Königin und ward gelb und grün vor Neid. Von Stund an, wenn sie Schneewittchen erblickte, kehrte sich ihr das Herz im Leibe herum, so haßte sie das Mädchen. Und der Neid und Hochmut wuchsen wie ein Unkraut in ihrem Herzen immer höher, daß sie Tag und Nacht keine Ruhe mehr hatte.«[48]

Neid ist überall. Und er war schon immer da. Wir wurden dazu erzogen, ihn zu verachten. Doch wir kämpfen gegen Windmühlen, wenn wir ihn fertigmachen wollen.

Ich würde sagen: Biene Hannah hat sich einfach blöd angestellt. Statt Streiche zu spielen, hätte sie auch einfach etwas netter sein können, das funktionierte für Maja ja schließlich auch. Ansporn statt Sabotage. Und wichtiger noch: Motivation statt Selbstsabotage.

Auch für Schneewittchens Stiefmutter geht die Sache nicht gut aus:

»Es waren schon eiserne Pantoffel über Kohlenfeuer gestellt und wurden mit Zangen hereingetragen und vor sie hingestellt. Da mußte sie in die rotglühenden Schuhe treten und so lange tanzen, bis sie tot zur Erde fiel.«

Wir müssen lernen, mit dem System zu spielen, das wir haben. Wir müssen das mit dem Neid besser hinkriegen. Dazu gehört auch, uns unsere vermeintlich negativen Attribute einzugestehen. Nämlich dass unser Leben sich wirklich um uns selbst dreht – ohne dass andere darunter leiden müssten. Und dass wir natürlich auch mal neidisch sind – ohne dass deshalb gleich die Haare grün würden.

Nicht alles, was die Gesellschaft verteufelt, ist deshalb wirklich schlecht. Viel einfacher machen wir uns das Leben, wenn wir mit uns selbst zu leben lernen. Und ich verrate Ihnen was: Neidisch sind alle. Egozentrisch sind immerhin die meisten. Wer versucht, es nicht zu sein, der gerät nur aus dem Gleichgewicht und wird unzufrieden mit sich selbst. Auch das endet wieder beim Gefühl: Ich bin der einzige schlechte Mensch auf der Welt. Ungenügend. Voller Eigenschaften, die es abzutrainieren gilt, und schon sind wir wieder in der Selbstoptimierung drin. Die hat uns aber noch nie weitergebracht.

Wir müssen aufhören, ständig Sachen an uns selbst schlecht zu finden. Schlechte Charaktereigenschaften wie den Neid kann man auch richtig ausleben, zum Wohle aller und zum Wohle des eigenen Wohlbefindens. Sie können auch mit ein paar schlechten Eigenschaften ein guter Mensch sein. Machen Sie sich das Leben nicht so schwer. Und wenn alle Ihre Freunde in den Urlaub fahren, dann genießen Sie doch Ihren Balkon in der entvölkerten Großstadt. Freuen Sie sich, dass Sie etwas Geld sparen, und seien Sie ehrlich neidisch auf Ihre Freunde. Vielleicht bringen die Ihnen dann einen Laib Parmesan aus Italien mit. Die Mitleidstour funktioniert bei mir eigentlich jedes Mal. Und wenn Sie dann verreisen wollen, vielleicht nicht um die ganze Welt. Sie müssen sich nicht mit allen gleichzeitig messen. Eigentlich nur mit Ihren eigenen Ansprüchen.

Und die dürfen gern mal mittelgroß sein.

Superlative sind ineffizient

Der ideale Tag sieht eigentlich so aus: Wir wachen auf, putzen mit der besten elektrischen Zahnbüste unsere Zähnchen, trinken Kaffee, für den der beste Kaffeevollautomat die besten Bohnen gemahlen hat, fahren die beste Route zur Arbeit, machen unseren Traumjob, essen das beste Mittagessen, gehen zwischendurch zum besten Augenarzt und machen dann noch ein wenig länger unseren Traumjob, fahren die beste Route nach Hause, treffen die besten Freunde beim besten Italiener, schauen dann noch eine Episode der besten Serie beim besten Streamingdienst über den besten Internetanbieter und schlummern dann auf der besten Matratze dem neuen Tag entgegen.

Und jetzt denken Sie: »Jajaja, die übertreibt, weil sie mir was sagen will.«

Aber nö. Ich meine das ernst. Ich schreibe diesen Text auf dem besten Computer, sitze am perfekten Tisch und nachher gehe ich noch in die bestbewertete Bar im näheren Umkreis und ich werde Fünf-Sterne-Schuhe dabei tragen und mich darüber freuen.

So machen wir modernen Menschen das halt. Wir haben doch auch die Möglichkeit dazu. Gestern erst wollte ich eine Freundin im besten Eiscafé in Prenzlauer Berg treffen. Es ging nicht gut für uns aus – wir hatten zwar die Bewertungen im Internet gelesen, nicht aber die Öffnungszeiten und standen dann mit hängenden Schultern und ohne Eis vor der verschlossenen Tür. Nach einem unerwarteten Spaziergang durch Berlin landeten wir in einer anderen Eisdiele – und aßen wirklich leckeres, mittelmäßiges Eis.

Wir sind es gewohnt, immer das Beste bekommen zu können. Das geht mit unserer Bewertungskultur im Internet einher und das ist großartig für uns Konsumenten. Wir wählen aus dem Besten. Das ist problematisch für einige Läden, gerade für Newcomer, keine Frage. Oft genug ist es ungerecht. Ein Typ machte mal sein Gartenhaus zum Star unter den lokalen Restaurants – da gab's noch nicht mal wirklich was zu essen, aber die Bewertungen kamen trotzdem. Hauptsache Hype, Hauptsache dabei gewesen. Also bleiben wir mal bei uns Kunden. Wir folgen der Fünf-Sterne-Bewertung durch unser Leben wie die Heiligen Drei Könige einst einem Kometenschweif zum Jesuskind. Von allem nur das Beste. Das ist toll, weil wir nicht mehr der stylischsten Werbung folgen müssen, sondern jetzt auch Erfahrungsberichte lesen können, die hoffentlich nicht nur von der stylischen Werbung beeinflusst wurden, sondern auch von der tatsächlichen Qualität des Produkts.

Leider ist das verdammt anstrengend.

Von allem das Beste zu haben ist zur Normalität geworden. Wer nicht nach dem besten Italiener schaut, der verschleudert das Potenzial dieses Abends. Da stimmt im Ernstfall das Verhältnis von Geld zu Pastaqualität nicht und da hätten wir die Scheinchen auch gleich verbrennen können.

Wir sind es so sehr gewohnt, das Beste jederzeit haben zu können, dass sich das Zweitbeste wie ein Verlust anfühlt. Und das ist kein schönes Gefühl. Das ist ungefähr so, als würden Sie auf dem Weg zur günstigsten Tankstelle mal eben ins Nachbarland abbiegen. Wenn Sie in Frankfurt an der Oder wohnen, können Sie das machen. Zwanzig Kilometer weiter im Inland würde ich es mir aber überlegen – oder einfach mal durchrechnen.

Optimierungskonsum kann verdammt ineffizient sein, wenn wir einzelne Werte isolieren. Ökonomen sprechen vom Nutzen einer Handlung und sie meinen damit das Geld, aber auch, wie gut es uns mit dem Ergebnis geht. Das ist eine komplizierte Gesamtbetrachtung verschiedener Faktoren – und genau die kann das Internet gar nicht abbilden. Dafür sind sie viel zu individuell. Deshalb sind die Superlative Unsinn. In Großstädten wird das besonders deutlich. Wie oft habe ich mir selbst versprochen, meine Lieblingsrestaurants immer wieder zu besuchen, trotz Umzug von zwanzig Kilometern ans andere Ende Berlins? Und wie oft war ich seither dort? Genau null Mal. So gut ist das Essen nun auch wieder nicht, dass es 75 Minuten Anfahrt rechtfertigt. Superlative sind relativ, das vergessen wir gern.

Und klar hätte ich heute Abend gern die allerbesten Drinks. Ich hätte aber auch gern einen schönen Abend. Und der wird umso besser, wenn ich mir die Getränke leisten kann, wenn ich für sie nicht 60 Minuten Straßenbahn fahren muss und wenn die Bar nicht knallvoll ist. Also vielleicht wähle ich einfach eine Bar, die irgendwie okay ist, aber nah dran, bezahlbar, gemütlich. Für mich perfekt, nicht zwingend perfekt für die große Masse der Internet-Juroren.

Perfektion ist ja noch nicht einmal gesund. »Die perfekte Sitzposition ist immer die nächste«, sagt ein Sprichwort. Und wer jeden Tag das gesündeste Essen isst, der hat sehr bald Mangelerscheinungen, weil's doch arg einseitig ist und weil unsere Darmflora sich mangels Anforderungen zurückbildet. Probieren Sie das lieber nicht aus. Die Suche nach Perfektion ist also die Suche nach etwas, das uns gar nicht guttun würde, würden wir es finden.

Also vergessen wir die Superlative. Sie bringen uns nichts. Im Gegenteil, sie nehmen uns etwas: unser Urteilsvermögen. Wie ein nicht geforderter Muskel verlernen wir es, selbstständig Dinge zu bewerten und Entscheidungen zu treffen.

Wir geben viel zu viel auf die Meinung anderer, weil deren Meinung jederzeit verfügbar ist. Vielleicht sollten Sie einfach mal wieder sich selbst vertrauen. Ob Ihnen die Drinks schmecken oder nicht, können Sie nämlich auch sehr gut selbst feststellen. Alles, was es Sie kostet, ist ein Abend Ihres Lebens. Und vielleicht entdecken Sie das, was die Bewertungsportale mittlerweile zu einem Ding der Unmöglichkeit gemacht haben: einen echten Geheimtipp.

Dann verraten Sie ihn bloß keinem.

Du hast keine Macken, du hast Charakter

Irgendwie ist dieser Trend entstanden, dass Menschen jetzt ihre Macken vor sich hertragen. Puh. Sogar in Vorstellungsgesprächen werden wir danach gefragt, als wären die Schwächen der Abteilung nicht viel wichtiger als die des Individuums. Die Schwächen müssen dann natürlich interessant sein. Denn natürlich sind's vor allem Macken, die uns zu besseren Menschen machen. Zwar ist jeder gern Perfektionist, aber keiner kann sie wirklich leiden. Wer unordentlich ist, der kann »diese Ordnungsfanatiker« nicht leiden. Wer es ordentlich mag, der »kann nicht anders« und blickt auf das Chaos anderer herab. Wer anderen ständig mit seiner Meinung in den Ohren liegt, der hat ein ganz charmantes Helfersyndrom. »Mackenmensch« schreiben sich die Leute in ihre Instagram-Profile. Als müsste man die Allgemeinheit vor ihnen warnen oder als wollten sie zeigen: Ich bin etwas Besonderes! Ich habe eine Macke! Hurra.

Auf Macken kann man sich ausruhen. Sie machen uns liebenswert, wir müssen an dieser Stelle nicht optimieren. Macken sind unsere Zuflucht in einer Welt, die sich manchmal viel zu schnell dreht. Süchtig nach Käsekuchenerdbeereiscreme? Sorry, nicht zu ändern. Ist meine Macke. Immer zu spät? Ständig in der falschen S-Bahn? Kann sich weder unterordnen noch in Teams einfügen? Tja.

Ich wäre bei solchen Leuten ja vorsichtig. Deren Menschenkenntnis scheint mir über Vorabendserien-Niveau nicht hinauszugehen. Bei fiktiven Charakteren sind Macken leicht einzuordnen. Es sind nicht viele und sie geben der Figur die Handlungsanweisungen. Macken stehen sinnbildlich für irgendwas und es sind auch nicht besonders viele. Zu realistische Charaktere verhalten sich nämlich unrealistisch. Sie werden unberechenbar, der Autor kann sie nicht kontrollieren. Der Leser denkt, der Charakter spinnt, und der Kritiker wirft das Werk in die Ecke, der Zuschauer schaltet ab.

Wie bei fiktiven Figuren können auch im wahren Leben unsere Eigenschaften als Leitplanken fungieren. Es gibt da allerdings eine Schwierigkeit: Menschen sind deutlich komplexer als Fantasy-Heldinnen und Verbrecherjäger im Krimi. Ihre »Macken« sind nicht absolut und ihre Stärken sind selten heroisch. Und nur wenige unserer Eigenschaften sind stabil. Wir existieren im Kontext. Wer sich auf seine Macken zurückzieht, der ignoriert diesen Kontext – um »er selbst« zu bleiben. Das ist zwar auch egozentrisch, aber auf eine ziemlich weltvergessene Art. Wer sich auf wenige Charaktereigenschaften, positive wie negative, beruft, der stellt Schlaglichter auf. Und die strahlen dann so hell, dass niemand die anderen Eigenschaften sieht – am allerwenigsten wir selbst. Wer daran festhält, kann da ja mal den Beratern bei der Agentur für Arbeit erklären: »Tut mir leid, so bin ich halt.« Zwinker, zwinker. Viel Erfolg mit der Einstellung.

Es lohnt sich also nicht wirklich, uns über unsere Macken zu definieren. Sie sind Rettungsinseln in einer Welt, in der wir eigentlich keine Rettungsinseln brauchen.

Stellen wir der Egozentrik, der Erkenntnis, dass ich in meiner Welt eine Hauptrolle spielen darf, also ein gewisses Maß an Anpassungsfähigkeit gegenüber. Das hat oft genug gar nichts damit zu tun, eine neue Fähigkeit zu erlernen. Eigentlich müssen wir nur unsere eigene – zutiefst menschliche – Fähigkeit anerkennen: Wir können das schon! Menschen sind hervorragend darin, sich anzupassen. Dafür müssen wir weder unsere Schwächen als liebevolle Macken definieren noch uns auf ihnen ausruhen. Niemand ist ein Sklave seiner Laster, wenigstens nicht dauerhaft. Doch wer ständig Details hervorhebt, der kann das Ganze nicht erfassen.

Das führt zu schwer erklärbarem Verhalten und zu unerwarteten Gefühlen. Plötzlich passt irgendetwas im eigenen Kopf nicht mehr in das doch so runde Bild, das ein Mensch sich von sich selbst gemacht hat. Blöd gelaufen. Genau diese Momente sind es, die uns wieder in die Selbstoptimierung treiben. Es gilt, die einmal festgelegten Charaktereigenschaften zu perfektionieren, die Leitplanken unseres Lebens wieder zu festigen. Schade. Denn eigentlich brauchen wir diese Leitplanken nicht. Wir müssen uns nicht an irgendwelchen Charakterzügen festhalten. Wir haben die Freiheit, uns in jeder Situation neu zu erfinden – oder es bleiben zu lassen. Egal. Wir brauchen weder Macken als Entschuldigung noch Stärken als Rettungsanker. Klar, jeder hat ein paar. Aber wenn wir uns auf sie zurückziehen, nehmen wir uns selbst die Freiheit, neue Entscheidungen zu treffen. Und wir verhindern Entwicklung. Statt das Beste aus unseren Charakterzügen zu machen, verstecken wir uns hinter ihnen. Was für eine Verschwendung individuellen Potenzials!

Eine gewisse Entwicklung sprechen wir selbst den Romanhelden zu. Bei denen verläuft sie stringent, das dient der Nachvollziehbarkeit. Bei uns Menschen ist das anders. Wir haben Raum für Experimente. Die Storys unseres Lebens sind ja schließlich auch etwas länger.

Probieren wir uns aus

Wer sich selbst neu kennenlernen will, der wird daran scheitern, wenn alles um ihn herum gleichbleibt. Unser Gehirn arbeitet mit Heuristiken: Wir lernen aus Erfahrung und wir zehren von ihr, auch wenn eine Situation nicht identisch, sondern nur ähnlich ist. Wir suchen deshalb nicht in jeder Lebenssituation nach einer neuen Reaktion, sondern wir bedienen uns derer, die vorher schon für uns funktioniert haben. Das geht schneller, als jede Situation neu zu evaluieren. Ein Glas fällt runter – wir greifen danach. Scheinbar automatisch. Wirklich automatisch ist in unseren Gehirnen aber nur weniges, tatsächlich weiß unser schlauer Kopf einfach: Wenn du es nicht auffängst, geht es kaputt. Junge Eltern sprechen von Instinkt, jedoch sind sie einfach auf eine neue Art schlau und handeln vorausschauend. Das ist super praktisch, wenn sonst Gläser oder Kinderköpfe zu Bruch gehen. Leider ist es super problematisch, wenn es um unsere Beziehungen geht.

Denn Ähnliches passiert uns auch im Zusammenspiel mit anderen Menschen. Die Kollegin setzt zum Lamento über ihr Wochenende an? Wir wissen direkt: Jetzt wird's nervig, wir sollten sie (ab)würgen. Der Partner schmeißt nach der Arbeit seine Schuhe überall hin, nur nicht ins Schuhregal? Wir sind direkt genervt und genau das erwartet der andere auch.

Erwartungen sind ein Problem. Nehmen wir meine Freundin Julia zur Verdeutlichung. Julia war die schlimmste Heulboje. Wenn sie mit etwas nicht einverstanden war, begann das Drama. Sie ist ansonsten ganz nett, deshalb ließ man ihr das durchgehen, aber wehe, irgendwas ging schief. Brach der Stress aus, brach Julia zusammen.

Was macht man mit so einem Menschen?

Man beschwichtigt ihn.

Julia wurde jahrelang bemuttert. Und zwar von jedem.

Und das ist ein Problem. Denn diese ewige Beschwichtigung nimmt Menschen wie ihr die Möglichkeit, selbst mit Problemen klarzukommen. Wer immer aufgefangen wird, der muss sich niemals selbst fangen. Freunde und Partner halten einander in einem semistabilen Zustand fest – und das ist nicht unbedingt zum Vorteil. Es hindert uns daran, uns weiterzuentwickeln.

Sehr bewusst wurde mir das, als ich für zehn Tage in ein Surfcamp fuhr. Ich war frisch getrennt, frisch mit der Ausbildung fertig, unfassbar pleite, aber mit insgesamt guten Aussichten. Es waren die ersten Tage meines neuen, ultimativen Erwachsenenlebens. Surfen an der Atlantikküste hielt ich für eine fantastische Idee. Weil ich ein kleines Weichei bin und dabei zu Selbstüberschätzung neige, lief das eher nicht so gut. Zumal Surfen im Atlantik – im März – gar nicht ohne ist. Aber egal. Wichtig war diese Reise dennoch.

Ich war also in diesem Surfcamp mit zwei Dutzend Fremden. Für mich, wie für so viele Menschen, ein eher unangenehmes Gefühl. Eben weil es niemanden gibt, der im Zweifelsfall sagt: Ich mag dich, wie du bist, lass dich einfach fallen. Fremde Menschen sind ein Risiko. Vielleicht mögen sie uns nicht. Vielleicht sitze ich am Ende ganz allein auf meinem Zimmer und die anderen Kinder hassen mich alle.

So weit die Sorge.

Tatsächlich haben fremde Menschen überhaupt keinen Grund, Sie nicht zu mögen. Sie haben ihnen ja nie was getan. Dafür lernen wir uns selbst vollkommen neu kennen. Niemand hat irgendwelche Erwartungen, deshalb reagiert niemand vorschnell. Gleichzeitig haben wir selbst keine Erwartungen an die anderen. Auf fremde Menschen kann man sich einlassen. Das gelingt genau dann am besten, wenn wir völlig frei schweben, ohne Rettungsanker, ohne guten Freund, der im Zweifelsfall noch da ist.

So gesehen, sind fremde Menschen eine wunderbare Chance. Wir können uns selbst neu ausprobieren und darüber auch völlig neu kennenlernen. Niemand hält uns fest. Wir haben noch nicht einmal einen Grund, uns an unseren eigenen Charakterprinzipien festzuhalten. Dafür ist die Begegnung zu kurz. Deshalb sind Solo-Reisen so viel wertvoller, wenn wir unterwegs anderen begegnen. Wer allein durch den Wald läuft, der lernt vor allem sein Gedankenkarussell besser kennen. Wer mit Fremden am Strand liegt und über das Leben spricht, der kann sich selbst neu hinterfragen.

So ein Experiment ist das Gegenteil von Selbstoptimierung. Es ist ein Neustart. Natürlich ist er auf Zeit. Zuhause ist das Leben anders als auf einer Dachterrasse in Marokko. Wir müssen in unser altes Leben zurück und dort warten die gleichen Rahmenbedingungen wie immer. Gerade erst Erprobtes prallt gegen ein Gerüst aus alten Standards.

Dennoch nehmen wir von so einer Reise mit anderen immer etwas mit. Neue Verhaltensweisen, neue Heuristiken, neue Standards. Reaktionen, die sich in der Interaktion mit anderen als erfolgreich erwiesen haben. Nur bei neuen Leuten können wir ein neues Ich kennenlernen, eines, das vielleicht besser zu unseren aktuellen Bedürfnissen passt. Und das starre Umfeld zuhause? Das muss sich dann einfach mal umgewöhnen.

Freiheit schlägt Gewohnheit

Ich müsste mal wieder klettern gehen. Ich habe so eine Jahresmitgliedschaft in einer Großstadthalle, die war teuer. Habe ich damals abgeschlossen, weil das finanziell natürlich total viel Sinn macht, wenn man sich regelmäßig motiviert und auch oft hingeht – was ja wohl am besten klappt, wenn man schon bezahlt hat.
Von wegen.

Je älter man wird, desto mehr »Ich müsste mal wieder« gibt es im Leben. Seit ich zweimal Kanufahren war, ist Kanufahren auch eines meiner liebsten Hobbys, und wenn Sie das hier lesen, können Sie sicher sein, dass ich das seit mindestens zwei Jahren nicht mehr gemacht habe. Ähnliches gilt für meine großen Leidenschaften Fensterputzen und marokkanisch Kochen. Alles Sachen, die man eigentlich viel öfter machen müsste, sie aber nicht tut, weil man nebenbei ja auch noch weiterleben muss, und das ist phasenweise erstaunlich anstrengend.
Kluge Menschen sagen mir jetzt: Mach eine Gewohnheit draus! Dann geht das wie von allein!
Und alle glauben dran.
Wenn es doch nur nicht so ein grandioser Schwachsinn wäre.
Hier die Definition: Eine Gewohnheit ist etwas, das unbewusst abläuft. Etwas, das wir einfach tun, ohne groß darüber nachzudenken. Routine sozusagen. Ich weiß nicht, wie es Ihnen geht, aber ich habe mich noch nie plötzlich im Sportstudio wiedergefunden. Nicht mal die Spülma-

schine räumt mein Gehirn von allein auf, jeden Kleinkram muss ich einzeln anweisen. Und fragen Sie lieber nicht nach dem Zustand der Fenster.

Aber prüfen Sie diese Bedingung mal für die verschiedenen Dinge, die Sie sich gern für Ihr Leben angewöhnen wollen. Stehen Sie auch so oft morgens auf und finden sich plötzlich in einer Yoga-Pose wieder? Huch! Dann haben Sie vielleicht eine Gewohnheit. Vielleicht aber auch einen Gehirnschaden, ich würde *das* mal überprüfen lassen.

Wir müssen Verantwortung für uns selbst übernehmen, das ist viel effektiver als die zehnte neue Gewohnheit. Es geht auch schneller. Denn Gewohnheiten, auch wenn wir uns das alle ganz doll wünschen, funktionieren logisch betrachtet einfach nicht so, wie wir uns das denken.

Bei mentalem Leerlauf aufs Smartphone zu schauen ist eine Gewohnheit. Sich morgens um fünf aus dem Bett zu schälen und durch den Park zu joggen ist ganz sicher keine. Der Begriff ist überreizt und hat schon längst seine eigentliche Bedeutung verloren. Gewohnheit ist, wenn Sie ein englisches Auto fahren und beim Versuch zu schalten gegen die Fahrertür auf der rechten Seite schlagen, obwohl der Schaltknüppel links ist.

Morgens zu meditieren ist keine Gewohnheit. Es ist etwas, das vielen Menschen guttut. Aber niemand steht morgens auf und verpasst seinen Flug, weil er – ups – aus lauter Gewohnheit erst mal eine Stunde meditiert. Das ist die große Lüge der Morgenroutinen: Sie sollen Energie sparen, indem sie uns die Entscheidung abnehmen, aber das können sie nicht. Gewöhnen Sie sich gern an, jeden

Morgen eine Runde zu laufen. Ob das Routine wird, besprechen wir Mitte Januar. Ich behaupte: Nicht einmal Zähneputzen ist eine echte Morgenroutine. Wir tun es, weil wir müssen. Weil's sonst eklig ist. Der Ekel fungiert als Impuls. Gewohnheiten und die passenden Impulse hat der amerikanische Autor Charles Duhigg aus jedem Blickwinkel erforscht. Es begann mit Selbstkritik, natürlich. In einem Video[49] beschreibt Duhigg, wie er an jedem Nachmittag von seinem Schreibtisch aufstand, mit dem Fahrstuhl in die Cafeteria seines Bürogebäudes fuhr und einen Keks aß. Er nahm vier Kilogramm zu, bis es ihm endlich auffiel. Als er seine Routine analysierte, wurde ihm etwas klar: Duhigg genoss die gemeinsame Pause mit den Kollegen viel mehr als den Keks. »Deshalb existieren Gewohnheiten. Damit wir die Belohnung dafür bekommen«, sagt Duhigg. Und deshalb fällt es uns so schwer, sie abzulegen. Er startete ein Experiment. Am nächsten Tag ging er spazieren. Am Tag danach ging er in die Cafeteria, kaufte einen Schokoriegel und aß ihn am Schreibtisch. Und am letzten Tag ging er rauf, kaufte nichts und sprach mit ein paar Freunden aus dem Büro. »Ich wollte herausfinden, welche Belohnung ich tatsächlich begehrte«, erklärt Duhigg seinen Versuch. Ich mach's kurz: Natürlich sprach er am allerliebsten mit seinen Freunden und einige Monate später hatte er sechs Kilo abgenommen.

Wir streben nach der Belohnung

Hach.

Ich will die Geschichte ja gar nicht verspotten. Duhigg hat vollkommen recht: Belohnungen steuern unser Verhalten. Und der Kontakt zu Menschen ist eine wirklich starke Belohnung (das kleine keksinduzierte Zuckerhoch am

Nachmittag allerdings auch). Erkennen wir die Belohnung, nach der es uns verlangt, können wir schlechte Angewohnheiten durch gesündere ersetzen. Und Gewohnheiten sparen uns Energie, dieser Effekt lässt sich neurologisch nachweisen.

Doch der Kult um Gewohnheiten und Routinen ist weit übers Ziel hinausgeschossen. Wir sind keine Roboter! Wir sind Menschen. Mit freiem Willen. Freier Wille kann anstrengend sein, genau deshalb nimmt unser Gehirn ja die Abkürzung über Belohnungen und standardisiertes Verhalten auf bestimmte Bedürfnisse.

Der freie Wille geht aber nicht weg. Und Gewohnheiten können uns nicht die Wahl abnehmen, solange wir eine Wahl haben oder es so empfinden. Wollen Sie in einem kontinentaleuropäischen Auto einen Gang hochschalten, dann benutzen Sie die rechte Hand. Sie haben keine Wahl. Versuchen Sie das in England: Pock, Hand gegen die Tür. Da haben Sie auch keine Wahl. Routine. Die Gewohnheit bemerken wir erst, wenn sie uns Schmerzen bereitet. Morgens Zähneputzen: Können Sie lassen, könnte aber zu sozialen und gesundheitlichen Verwerfungen führen. Keine Wahl. Das hat schon jemand für Sie entschieden.

Morgens laufen gehen? Jeden Tag einen Apfel? Kein Kaffee mehr nach 16 Uhr? Viel Glück, wenn Sie daraus eine Gewohnheit machen wollen. Das funktioniert nicht. Sie werden Ihr Gehirn nicht auf Routine programmieren. Angeblich soll das morgendliche Aufstehen zum Trigger für das Sieben-Minuten-Sportprogramm werden. Wirklich? Die meisten Menschen gehen ja noch nicht einmal aufs Klo, wenn sie gerade zu faul zum Aufstehen sind. Aber Gewohnheiten sind so ein strahlender Trend geworden, dass niemand mehr das Grundkonzept hinterfragt. Die Grundidee ist Unsinn – aber sie verkauft sich gut.

Wer ständig auf der Suche nach einer guten Routine ist, muss deshalb zwangsläufig unzufrieden bleiben. Wieder nicht perfekt: Wieder haben sich Kopf und Körper nicht auf den gewünschten Automatismus eingestellt. Genau dieses Gefühl ist es, das uns immer wieder in die Selbstoptimierung treibt. Ein ziemlich schwaches Gefühl.

Machen Sie es sich nicht so schwer. Machen Sie doch mal was anderes. Machen Sie es wie beim Zähneputzen. Da verhandeln Sie gar nicht groß – Sie machen es einfach. Jeden Morgen, jeden Abend. Es fällt Ihnen nicht schwer, weil Sie wissen, dass Sie es sowieso tun werden. Und dieser Gedanke kann uns alle retten: Sie werden es sowieso tun. Es ist längst entschieden. Und Sie sind absolut fähig, Ihrer Entscheidung entsprechend zu handeln.

Einfach mal machen

Der Autor Nir Eyal hat das einmal sehr schön mit seiner Zeit als Vegetarier beschrieben.

»Vermisst du das Fleisch nicht?«, fragten seine Freunde. »Es schmeckt doch so lecker!«

Eyal war keiner von den »Fleisch ist eklig«-Vegetariern. Er war ein »Ich mache das jetzt einfach«-Vegetarier.

Und das ist ungleich schwerer.

»Natürlich habe ich das Fleisch vermisst«, schreibt Eyal in seinem Blog »Nir and Far«.[50] Aber das änderte nichts. »Die Dinge, die ich einst mochte, waren nun nicht mehr essbar für mich«, führt er aus. »Ich hatte verändert, wie ich mich selbst definiere. Ich war nun ein Vegetarier. Und Vegetarier essen kein Fleisch.«

So einfach kann das plötzlich sein.

Das Wissen um Ihre eigene Entscheidungsfähigkeit erlöst Sie von Routinen genauso wie von der Suche nach der leidigen Motivation, die dann doch immer wieder auf sich warten lässt. Beides haben Sie nicht nötig. Sie sind ein erwachsener Mensch, der seine eigenen Entscheidungen treffen kann. Sie müssen auf keinen »Kick« warten oder Ihr Unterbewusstsein trainieren.

Unbewusste Blockaden bremsen uns, daran gibt es keinen Zweifel. Doch welche Brücke wir bauen, das können wir selbst bestimmen. Wir können uns selbst Grenzen setzen und nach ihnen leben. Wie der Vegetarier kein Fleisch isst und der Abnehmwillige auf die Schokolade verzichtet. Das braucht keine Methode, kein Konzept. Es braucht nur eine selbstgesteckte Grenze und die Entscheidung, sie nicht zu übertreten. Stattdessen eine Routine aufzubauen ist ein verdammt anstrengender Umweg. Deshalb werden Neujahrsvorsätze niemals funktionieren, wenn Sie vor jeder Zigarette und jeder Laufeinheit neu mit sich selbst diskutieren. Wer das tut, der behandelt sich selbst wie ein Kleinkind, und das haben wir alle nicht nötig.

Überspringen Sie einfach die ganze Verhandlungsszene. Wenn Sie beschlossen haben, eine Morgenläuferin zu werden, dann laufen Sie morgens. Wenn Sie beschlossen haben, sechs Wochen lang keine Schokolade zu essen, dann lassen Sie es bleiben. Und so weiter. Sie müssen nicht warten, bis es eine Gewohnheit geworden ist. Und Sie müssen das nicht jedes Mal neu entscheiden. Sie können direkt loslaufen, Sie haben es ja schon entschieden. Vertrauen Sie Ihrer Entscheidung doch mal.

Das ist alle Gewohnheit, die wir brauchen.

Wettkampf-Yoga ist keine Lösung

Perfektionismus gehört zu den wirklich absurden Begriffen in unserem Leben. Wir vermeiden Fehler und erledigen alle Aufgaben, wie das Wort schon sagt: per-fekt. Perfektionisten tragen die Selbstoptimierung auch nach außen, sie optimieren einfach alles, was sich nicht verteidigen kann, und wehe, da liegt noch eine Haferflocke auf dem Küchenfußboden.

Sind Sie auch eine Perfektionistin?
- ☐ Selbstverständlich!
- ☐ Nein, und danke für die Frage, jetzt fühle ich mich schlecht.

Gern geschehen.

Der perfekte Sport für Perfektionisten ist Yoga. Vergessen Sie Laufen, Bouldern, Kegeln oder Flunkyball. Alles Sachen, die man anstatt mit Perfektion auch mit Kraft, Ausdauer, Kater oder Schnapsfahne bewältigen kann. Für Yoga hingegen braucht es alles, was Ihr perfekt entgifteter, vollkommen bei sich angekommener Körper zu bieten hat. Und Ihren Geist natürlich. Schultern weg von den Ohren und hören Sie auf zu jammern. Meine Freundin Katja behauptet immer, sie könne kein Yoga machen, weil sie durch ihren starken Körper zu unbeweglich sei. Ich behaupte eher, sie hat keine Lust, sich auf dem Weg zur Yoga-Pose ständig anraunzen zu lassen, was sie alles falsch macht.

Vollkommen zu Recht natürlich.

Wer würde schon von sich behaupten, kein Perfektionist zu sein? Man bedenke nur einmal die Folgen! Und was soll das Gegenteil von Perfektionismus überhaupt sein? Imperfektionismus? Normalität? Genügsamkeit? Um Himmels willen! Genügsamkeit! Ganz schrecklich. Wer kein Perfektionist ist, der schöpft sein Potenzial nicht aus, und das ist eine der größten Sünden unserer Zeit. Wer sein Potenzial nicht ausschöpft, der wird das möglicherweise später einmal bereuen, und das gilt es zu vermeiden. In dieser Sorge vergessen wir vollkommen, dass eigentlich nur wir selbst entscheiden, wann wir erfolgreich sind und welche Faktoren darüber entscheiden.

Stattdessen folgen wir Trends, schon wieder.

Es gibt eine ganze Reihe von Begriffen, die irgendwann als Eigenschaft auftauchten und etwas Besonderes ausdrücken sollten. Und intuitiv fragen wir uns: Bin ich auch so? Perfektionistin zu sein wäre natürlich spitze, aber potenziell ganz schön anstrengend. Ein Nein wäre die direkte Kapitulation vor dem Besonderen. Und heutzutage will ja jeder etwas ganz Besonderes sein. Es herrscht die ganz große Angst vor dem Mittelmaß, davor, in den Augen anderer nicht gut und nicht einzigartig genug zu sein.

Perfektionismus ist die elegante Form der Selbstoptimierung. Gut, krank macht er genauso. Doch der Begriff ist weniger verpönt, weil er statt auf das Ich auf die Leistung schaut und sie mit einem charmanten Charakterfehler entschuldigt. Das halten wir besser aus. Perfekt sein als Ziel der Selbstoptimierung klingt wahnsinnig nah am Narzissmus, denn wer nach der Perfektion des Ichs strebt, sich selbst also optimiert, der schaut viel zu intensiv auf sich selbst, und das ist immer irgendwie hässlich. Perfektionisten stehen unschuldig daneben: Sie wollen nur das Beste für die Welt, geben alles von sich und wiegen gnädig-bescheiden den Kopf. Sie können ja gar nicht anders, es ist ihr Antrieb, ihr Unterbewusstsein, vielleicht die Erziehung, auf jeden Fall: nicht zu ändern. Tja.

Und das ist der nächste Trick der Perfektionisten: Sie pathologisieren ihr Streben, sie ernennen es zu einer Krankheit. Plötzlich ist es etwas, das ihr Charakter ihnen auferlegt. Sie können nicht ruhen, bis sie alles zur Zufriedenheit erledigt haben – nach höchsten Ansprüchen natürlich. Hier strebe ich, ich kann nicht anders.

Als normaler Mensch bleibt einem nur noch, sich zu wünschen, man litte an derselben Störung. Dann wäre die Wäsche ja vielleicht auch »nicht nur sauber, sondern rein«.

Perfektionisten erzeugen Neid. Sie schaffen es, dass wir uns an ihnen orientieren, aber das Ziel hängt zu hoch. Das liegt daran, dass Leben sich nicht vergleichen lassen, auch wenn es manchmal so wirkt. Einige schaffen mehr als andere, das ist wahr. Gleichzeitig leben einige Menschen ihren Perfektionismus in Bereichen aus, die sehr offensichtlich sind. Andere verteilen ihre Energie gleichmäßiger. Wieder andere kümmern sich um Aspekte des Lebens, die weniger offensichtlich sind – dabei jedoch nicht weniger wichtig. Stellen Sie sich drei Häuser vor, selbes Baujahr, selber Entwurf, aber sie stehen schon ein paar Jahrzehnte. Eines hat eine zauberhafte Fassade, eines hat perfekte Stromleitungen und bei einem ist alles irgendwie okay.

Richtig und falsch? Gibt es nicht. Perfektionismus orientiert sich an einem Ziel, genau wie die Optimierung des eigenen Lebens. Trotzdem sieht das Haus mit der nagelneuen Fassade am besten aus und wer fragt schon danach, wie oft die Sicherungen rausfliegen? Genauso ist es mit Perfektionisten auch.

Im Alltag normaler Menschen wäre für Perfektionismus überhaupt keine Zeit. Es ist hart genug, den Anforderungen des durchschnittlichen Erwachsenenlebens gerecht zu werden und dabei an den meisten Tagen halbwegs menschlich (und erwachsen) auszusehen. Punktuell glänzen: Krieg ich hin. Aber in allem perfekt sein? Wieso sollte ich das wollen?

Tatsächlich gibt es Perfektionismus auch als Krankheitsbild. Es geht mit schweren Begleiterkrankungen einher, oft Magersucht oder Bulimie, Selbstmordgedanken, Ängsten und Zwängen. Wir sollten uns also etwas besser überlegen, ob Perfektionismus wirklich ein Ideal ist, dem wir nacheifern wollen. Was immer wir im Leben tun, kostet uns Zeit. Alles hat Opportunitätskosten: Wir tun das eine und lassen das andere. So ist das im Leben nun einmal.

Perfektionismus darf deshalb kein Selbstzweck sein. Wir müssen lernen, unsere Kräfte einzuteilen, unsere Zeit und Energie. Und wir müssen lernen, Perfektionisten als das zu erkennen, was sie sind: Perfektionisten sind Menschen, die es nicht geschafft haben, Prioritäten zu setzen. Und die deshalb auf Kredit leben. Sie verbrauchen die Energie, die sie irgendwann für Wichtigeres gebrauchen könnten.

Diese Zeilen kritzele ich an einem sonnigen Morgen in

ein Notizbuch und sprenkele dabei meine Schulter und das weiße Shirt darüber mit königsblauen Tintenklecksen.

Mir egal. Ich lass das jetzt so.

Prioritäten ersetzen Optimierung

Es gibt dieses Versprechen in unserem Leben: Wir können alles haben.

Natürlich ist es gelogen.

Dieses Versprechen war einmal sehr nützlich, gerade für Frauen. Es erlöste uns von den großen Entscheidungen im Leben: Kind oder Karriere? Wohneigentum oder Weltreise? Schokoladenkeks oder Kleidergröße halten? Plötzlich sollte dieses »Oder« weg. Warum nicht einfach beides?

Es war vollkommen richtig, die Diktatur der Wahl zu beenden. Und einfach mal zu hinterfragen. Nur wer hinterfragt, kann wirklich frei sein. Und natürlich gibt es sehr viele »Und« in unserem Leben, wo vor einigen Jahren noch »Oder« standen. Erdnussbutter und Gouda zum Beispiel. Doch mit unserer Idee von »Wir können alles haben« haben wir's dann doch irgendwie übertrieben. Denn wer alles haben könnte, der hat versagt, wenn er etwas nicht hat. Ökonomen sprechen von Opportunitätskosten – den Kosten der ungenutzten Möglichkeit: Wann immer wir uns für etwas entscheiden, verlieren wir das, gegen das wir uns entschieden haben. Und schon wird's schwierig. Wieder nicht genug optimiert. Auch das hat sehr viel mit fehlgesteuertem Neid zu tun: Wir sehen das, was am Leben der anderen glänzt. Das, was wir auch gern hätten.

Wir ignorieren geflissentlich, was sie tun, um die Glanzmomente möglich zu machen.

Wir können eben nicht alles haben! Das ist eigentlich kein Problem – würde uns diese Tatsache nur nicht ständig unter die Nase gerieben werden. Meine Freundin Katja hat einen Traumkörper und hängt mich bei Wanderungen regelmäßig ab? Tja nun, sie trainiert eben auch! Das kostet sie Zeit und Energie und das ist in Ordnung – ihre Entscheidung. Körperliche Fitness hat für sie eben Priorität. Die Nachbarn fahren ein dickes Auto? Okay, es ist auch jedem selbst überlassen, wie er sein Geld verteilt.

Wir können nicht alles haben, weil wir die Ressourcen dafür nicht haben. Lebenszeit, Energie, Geld, alle diese Dinge sind begrenzt, wenn auch in unterschiedlichem Maße. Schon der Versuch, »alles« zu haben, ist viel zu anstrengend. Viel angenehmer ist es, Prioritäten zu setzen und nach ihnen zu leben. Schauen Sie sich mal die Menschen an, die ständig unter Stress stehen. Das sind genau die Leute, die versuchen, alles richtig zu machen und alles zu erreichen. Das führt nirgendwohin außer ins Chaos.

Fragen Sie sich also selbst: Was ist mir wichtig? Das kann alles Mögliche sein. Hier sind Dinge, die mir im Leben wichtig sind, ignorieren Sie die Reihenfolge, die ändert sich mehrmals täglich:

* Ich möchte viel Zeit zum Lesen haben.
* Ich möchte früh Feierabend machen können.
* Ich möchte körperlich fit und gesund sein.
* Ich möchte ein ordentliches Zuhause haben.
* Ich möchte ein gutes Verhältnis zu meinen Freunden und meiner Familie haben.

Sie müssen sich nicht auf fünf Prioritäten festlegen, die Zahl ist vollkommen zufällig. Vielleicht fehlen auch eine oder zwei. Mehr sind mir an einem Tag im September jedenfalls nicht eingefallen. Jeder dieser Punkte bringt mir ganz viel und kostet mich ganz viel. Viel Zeit zum Lesen und ein gutes Verhältnis zu meinen Freunden: Kostet Zeit, die ich nicht anderweitig verwenden kann. Früh Feierabend machen: Ich muss konzentriert arbeiten und darf mich von nichts ablenken lassen, sonst kann ich das vergessen. Start-up mit Tischkicker und gemeinsamem Feierabendbier? Funktioniert für mich nicht. Körperliche Fitness und ein ordentliches Zuhause: gibt mir beides Energie, kostet aber auch Energie.

Ich könnte auch in Museen gehen oder zu kultigen Partys in Berlins Nachtleben oder zu Streetfood-Events. Ich könnte tanzen, im Chor singen oder rudern. Finde ich alles großartigst! Und es ist ja nicht so, als ginge ich nie vor die Tür. Aber diese Dinge haben einfach keine Priorität und das ist in Ordnung. Sie passieren einfach seltener, als sie passieren würden, wenn sie mir wichtiger wären.

Mein Leben ist zum jetzigen Zeitpunkt voll. Nicht, weil nichts mehr reinginge. Sondern weil ich nichts mehr reinlasse. Und nageln Sie mich auf keinen Fall drauf fest. Wenn Sie diese Zeilen lesen, bin ich vielleicht längst im Ruderverein. Prioritäten ändern sich. Seien Sie gnädig mit sich selbst, lassen Sie Veränderungen zu. Und wenn Sie auf allen Hochzeiten tanzen wollen, dann sagen Sie vielleicht den Halbmarathon am nächsten Morgen ab.

Wir können nicht alles haben, aber die gute Nachricht ist: Wir müssen auch gar nicht alles haben.

Wir haben noch Zeit.

Du bist genug

Wir lassen uns einreden, etwas stimme nicht mit uns. Wir reden es uns sogar selbst ein wenig ein. Der Glaube daran, nicht genug zu sein, hat sich festgesetzt. Wir können dieser Idee nicht entkommen, weil sie zu einer Grundannahme unserer Existenz geworden ist. »Wirklich toll«, hören wir als Kinder – »jetzt aber nur nicht auf der guten Note ausruhen.« Das mag prinzipiell richtig sein, setzt sich aber fort. Und in der heutigen Zeit hinein in ein Extrem, das uns nicht mehr guttut, das uns sogar schadet. Wir könnten immer noch besser sein. Es ist immer noch Raum für ein wenig Optimierung.

Klingt das absurd?

Dann fragen Sie mal Ihr Unterbewusstsein, ob es heute zufrieden mit Ihnen ist.

Wissen hilft uns zwar ein Stück weit aus diesem Denkmuster heraus, aber wirklich davon loskommen? Schwierig.

Mein ganzes Erwachsenenleben lang lese ich Fakten aus der psychologischen Forschung, erst privat und später, wegen der netten Synergieeffekte, auch beruflich. Das sind jetzt etwa 15 Jahre. Und ich finde noch immer etwas Neues! Man sollte meinen, 15 Jahre Recherche und Verhaltensanpassung hätten einen guten Menschen aus mir gemacht, der anderen Menschen gute Ratschläge geben kann, aber: Nein! Weit gefehlt! Gerade erst habe ich festgestellt, dass ich narzisstisch und überheblich bin, wenn ich anderen Ratschläge gebe oder öfter das Bedürfnis verspüre, Konflikte zu lösen und Sorgen zu lindern.

Ganz, ganz toll.

Es gibt überhaupt kein Entrinnen.

Wäre ich keine Klugscheißerin, wäre ich wieder zu desinteressiert, zu egozentrisch, nicht sozial genug, hätte entweder kein Mitgefühl oder wäre träge, und dann fehlte mir der Handlungsimpuls. Es gibt auch keinen guten Mittelweg, denn die vielen kleinen Charakterfehler überlagern sich. Es gibt einfach kein Plateau des Erträglichen zwischen Egozentrik und Aufopferung, zwischen gut und böse, laut und leise, langweilig und nervig.

Es gibt nur die Möglichkeit, sich selbst gut zu finden. Das sagt die Psychologie, das sagt auch der Buddhismus. Erst wenn wir uns selbst lieben, können wir ein wenig Frieden finden. Das muss auch bitte keine bedingungslose Akzeptanz des Status quo sein. Lieben wir uns selbst, wie wir unsere Freunde lieben. Ich kann Emma lieben und muss es trotzdem nicht cool finden, dass sie keine Zeit für mich hat, weil sie so viel arbeitet. Ich kann Judith lieben, auch wenn sie immer zu spät kommt und Unpünktlichkeit mich rasend macht (endlich ist es raus!). Ich kann mich selbst lieben, auch wenn ich bei der Arbeit an den ersten Kapiteln dieses Buches wieder mal fünf Kilo leichter war als jetzt. Meine Freunde können mich lieben, auch wenn ich manchmal eine blöde Klugscheißerin bin. Müssen sie auch, sonst könnten sie sich ja einfach eine andere Freundin suchen.

Wir können uns nicht entkommen

Ich kann das nicht.

Ich kann mich selbst lieben, oder ich lasse es. Aber ich kann nicht weg von mir selbst. Ich kann mich höchstens optimieren, aber das wird das mit der Selbstliebe ganz schön schwirig machen. Außerdem würde es nirgendwo hinführen, das ist das Wichtigste, was ich in den vergangenen Monaten gelernt habe. Selbstoptimierung hat kein Ziel. Selbstoptimierung ist eher ein betrunkener Kreislauf zwischen schwankenden Pylonen und am Ende ist man wieder nirgendwo angekommen. Wer sich selbst optimiert, der setzt seiner Selbstliebe eine Bedingung: Wenn ich mein Ziel erreicht habe, erst dann bin ich genug. Wer sich selbst so konditioniert, der wird immer wieder neue Ziele finden, der wird immer weiter irgendwo hinwollen und kann sich niemals dort wohlfühlen, wo er schon ist. Wir sind es gewohnt zu streben. Streben ist gut. Streben bringt uns voran.

Stetes Streben macht uns aber unzufrieden.

Wer Strebsamkeit als Idealzustand anerkennt, der kann niemals ankommen. Und der wird niemals das Gefühl erleben, genug zu sein, nicht einmal für einen Moment. Es ist nicht vorgesehen und das macht uns unglücklich. Es ist ein selbstgewähltes Hamsterrad, nur in weniger niedlich. Wir müssen das Ideal der Strebsamkeit also an die Kette legen. Streben Sie weiter! Aber kontrollieren Sie Ihre Unzufriedenheit. Viel öfter, als wir denken, kann »Ich bin genug« auch mal wichtiger sein als »Ich habe ein Ziel«. Sie können das Ziel auch nächste Woche wieder in Angriff nehmen. Und heute einfach mal mit sich im Reinen sein.

Wir können uns nur selbst lieben

Liebe dich selbst, wie du deine besten Freunde liebst. Das ist vielleicht alles, was wir brauchen. Dieses Gefühl gibt uns Abwehrkräfte gegen all die Optimierungsangebote, die uns im Alltag herausfordern.

Das Glück liegt im Privaten

Das Private hat ausgedient, und auch das wirkt auf unseren Drang zur Selbstoptimierung. Erst verlor die Privatsphäre nur ihre Funktion. Ein Beispiel: Wir müssen heute unsere politischen Ansichten nicht mehr verbergen. Das ist gut. Heute ist Privatheit aber zunehmend etwas, das merkwürdig wirkt. Wer nichts von sich preisgibt, der hat potenziell etwas zu verbergen: Was passiert wohl hinter den Jalousien der Nachbarn?

Menschen messen den Wert einer Aktivität an den »Gefällt mir«-Klicks, die sie für ein Foto bekommen können. Bewerber werden – in vielen Branchen – auch nach ihren Aktivitäten im Netz bewertet: Wie zeigt sich die Person? Wie viele Menschen verfolgen, was sie öffentlich äußert?

Gesellschaftlich ist das nicht so neu, wie es auf den ersten Blick wirkt. Einige Menschen suchten schon immer die Bühne, wollten sich künstlerisch ausdrücken. So gesehen sind soziale Netzwerke nur eine neue Variante eines Verhaltens, das zu unserer Spezies gehört. Die neue Öffentlichkeit ist eine neue Dimension eines Verhaltens, das schon lange da war. Doch diese Dimension ist eine Nummer zu groß für uns. Sie stellt uns vor die Herausforderung, perfekt zu sein. Weil »unperfekt« auf Kritik stoßen kann, wenn wir etwas tun, das andere falsch finden. Oder weil wir uns selbst die Blöße des Unperfekten nicht mehr geben wollen.

Heute wächst die Zahl der Menschen, die im Netz alles preisgeben – oder es geschickt so wirken lassen und damit zu Vorbildern eines perfekt gefilterten Lebens werden. Wer Aufmerksamkeit will, der muss etwas verraten. Und Aufmerksamkeit ist die neue Skala, an der der Wert eines Lebens gemessen wird.

»Wer nicht wirbt, der stirbt«, so proklamierte mein allererster Chef. Damals galt das für die Spezialteile zur Leistungssteigerung von Rennmotorrädern, die er verkaufte. Und natürlich für alle anderen Produkte. Heute gilt das zunehmend für jeden Einzelnen. Wer sich nicht selbst bewirbt, der stirbt den Onlinetod.

Den Konzernen spielt das in die Hände. Das beste Werbeumfeld ist dort, wo das Private öffentlich gemacht wird. Wer auf einer Bühne steht, braucht Kostüme und Requisiten, so regt dieser Trend den Selbstoptimierungskonsum an, und sei es nur für stylish-bequeme Jogginghosen.

Angeblich soll die Öffentlichkeit einen Voyeurismus bedienen. In meinen Augen ist ein anderer Aspekt wichtiger: Die Öffentlichkeit des einen zeigt allen anderen, dass der Ruhm auch für sie greifbar nah ist. In der Mode ahmte man einst Königsfamilien nach, später waren es die riesigen Sonnenbrillen übernächtigter Popstars. Heute schaut der Alltagsmensch an der Kamera vorbei, als sei er ein Prominenter, der von Paparazzi verfolgt wird und nicht vom willigen Instagram-Husband. Auf diese Art sind soziale Netzwerke ein wenig zum Zerstörer der Welten geworden: Sie ruinieren Orte, weil dort alle hinströmen. Sie ruinieren das Zusammenle-

Wenn schon keine Privatsphäre, dann wenigstens Privatheit

ben, weil sie uns ablenken. Und sie ruinieren unser Selbstwertgefühl, weil wir diese hohe Messlatte ständig im Smartphone bei uns tragen. Bereit, sie für das nächste Foto wieder neben uns aufzuhängen und an ihr zu scheitern.

Wir sind zu einer Ware geworden, zu etwas, das Unternehmen nutzen können, um ihren Gewinn zu steigern. Unser Verhalten, unser Leben, unsere Konsumentscheidungen, unsere Daten. Das ist aber nur ein Teil der Wahrheit. Wir machen uns auch selbst zu Produkten. Indem wir die Privatheit aufgeben und dem Trend zur Veröffentlichung folgen. Schaden tun wir damit wieder einmal nur uns selbst. Es ist schwer, ein modernes Leben zu leben und sich gegen die Datensammlung zu wehren. Es wäre aber möglich, unser Glück wieder in der Privatheit zu suchen. Vielleicht liegt das Glück darin, einen Nachmittag am See zu verbringen und hinterher niemandem davon zu erzählen.

Blindes Vertrauen in den wichtigsten Menschen: uns selbst

Selbstvertrauen ist ein wenig aus der Mode gekommen. Wer sich selbst gut findet und weiß, dass er dem Leben gerecht wird, gerät schnell unter bösen Verdacht: selbstverliebt. Arrogant. Eingebildet. Und eingebildet, das kommt von Einbildung, und das will niemand. Dazu kommt die Gefahr: Wer auf sich selbst vertraut, wird irgendwann mit der Sorge konfrontiert, sich vielleicht zu irren. Vielleicht bin ich gar nicht so gut, wie ich dachte. Und alle merken es – nur ich nicht. Peinlich.

In solche Gedanken werden wir hineinsozialisiert. Frauen, weil sie immer wieder eingebläut bekommen, bescheiden aufzutreten, nur nicht zu deutlich zu zeigen, was sie können. Sie gelten als forsch, überheblich. Das ist die eine Seite. Und dann gibt es noch die andere, die, die Frauen *und* Männer trifft. Die, nach der wir es auch eigentlich alle ein wenig verdient haben, uns nicht gut genug zu fühlen. Die Lästerseite.

Das haben Sie auch schon mal gemacht, oder? Den Kollegen belächelt, der selbstsicher auftrat und von seinem Projekt erzählte? Über die Kollegin die Stirn gerunzelt, die mit Siegerlächeln aus dem Gespräch in der Chefetage kam? Menschen, die Selbstvertrauen ausstrahlen, sind vielen erst einmal suspekt. Potenziell: unsympathisch.

Das mag daran liegen, dass diese Menschen etwas zu haben scheinen, das sich viele wünschen. Sie fühlen sich wohl mit sich selbst, sie sind zufrieden, oder wenigstens sehen sie so aus. Selbstachtung nennt die Autorin Melina Royer diesen Zustand. Sie schreibt in »Verstecken gilt nicht«[51] über Gedanken, die sie früher bremsten: »Alle, die es wagten, stolz auf sich zu sein, waren in meinen Augen gleich Narzissten. Wie konnten die nur so zufrieden mit sich selbst sein?« Die Gedanken der Kehrseite: »Wenn ich mich selbst so wichtig nehme, was sollen bloß die anderen von mir denken?«

Mit solchen Gedanken machen wir uns klein und verwundbar. Beides führt uns direkt zurück in die Selbstoptimierungsspirale. Uns fehlt der Schutzschild. Und der besteht nicht in Härte. Wir müssen nicht einmal schlagfertig sein, besonders cool oder witzig. Eigentlich geht es nur um eben diese Selbstachtung.

Ich klatsche immer innerlich Beifall, wenn mir eine Gruppe Männer auf der Straße anzügliche Bemerkungen hinterherruft und dann *mich* auslacht, weil ich nicht drauf reagiere. Als hätte ich irgendeinen wichtigen Test nicht bestanden. Leider hätte ich mich zehn Jahre lang jedes Mal am liebsten in der Kanalisation verkrochen, wenn so etwas passierte. Bis mir irgendwann klar wurde, dass mir fremde Leute ja ziemlich egal sein können. Vor allem Menschen, die ihre verbalen Ausscheidungen nicht unter Kontrolle haben.

Was für ein Befreiungsschlag. Übertragen wir ihn direkt auf das ganze Leben. Und auf die inneren Stimmen, die noch viel zielsicherer lästern, als jeder Fremde es je könnte.

Die wissenschaftliche Perspektive macht es sogar noch schöner. Wir ernten, was wir säen. Steht in der Bibel, ist mittlerweile aber belegt: Wer gut zu anderen ist, der fühlt sich selbst besser. Wir formen unser Gehirn um und bringen ihm bei, Gutes zu erwarten. Eine ziemlich kluge Strategie, wenn wir uns einmal daran erinnern, dass sich ein großer Teil unserer negativen Erwartungen nie erfüllt.

Wer dagegen andere verurteilt, sei es nur für ihr Selbstbewusstsein, tut etwas sehr Perfides mit seinem eigenen Gehirn: Er formt einen inneren Widerstand. Er lehrt sich selbst, nur schlechte Gedanken anderer zu erwarten, wie er auch selbst nur schlechte Gedanken für andere hat. Und so verhindern wir, dass wir uns selbstsicher fühlen, stark oder einfach nur: gut genug. Das ist eine absurde Verschwendung von Energie.

Deshalb ist der erste Schritt zum eigenen Wohlbefinden oft, anderen das ihre zu gönnen. So viele Menschen bekommen viel zu wenig Anerkennung für das, was sie tun.

Doch wer ein wenig Anerkennung vergibt, erhöht direkt die Chancen, selbst welche zu ernten. Wiederum von anderen, oder auch einfach mal von sich selbst. Wir müssen gar nicht noch besser werden. Wir können auch mal das wertschätzen, was schon längst ist.

Und dann können wir uns daran erinnern, was wir im Leben alles geleistet haben. Wozu wir fähig sind. Niemand muss gleich losspurten und mit seinen Errungenschaften angeben. Aber in uns selbst, da sollten wir öfter mal angeben. Erst wenn wir das, was toll an uns ist, wertzuschätzen lernen, können wir auch Selbstvertrauen lernen.

Und wer auf sich selbst vertraut, der hat Selbstoptimierung nicht mehr nötig.

Man sagt uns, wir sollen uns selbst mit den Augen anderer sehen. Doch niemand sagt uns, wie das gehen soll. »Liebe dich selbst, wie du deine besten Freunde liebst«, schrieb ich an anderer Stelle. Denn wohlmeinende Augen müssen es sein, mit denen wir uns sehen, ansonsten wird diese Übung niemals zu etwas Gutem führen. Deshalb sind Selbstachtung und Selbstvertrauen so wichtig. Beides haben wir uns verdient. Sie sind bis an diesen Punkt in Ihrem Leben gekommen. Ich weiß nicht, wo Sie gerade stehen. Aber wenn Sie einen Augenblick lang nur an Ihre Erfolge denken, dann kommt schon einiges zusammen. Brechen Sie bei jedem »Aber« sofort den Satz ab. Jedes »Hätte« ist ein Stoppschild. Bleiben Sie mal bei dem, was Sie geschafft haben.

Sie brauchen keine Selbstoptimierung. Sie können einfach den Menschen nehmen, der Sie schon sind. Und ihn einfach für einen Augenblick bewundern.

Hinterfragen wir uns, unseren Konsum – und unsere Selbstzweifel

Solange wir unreflektiert unseren Ängsten ausweichen, müssen wir uns nicht wundern, wenn es anderen gelingt, noch mehr Sorgen dazwischenzustreuen. Wir geraten in einen Modus, in dem wir nur noch funktionieren. Wir werden Ansprüchen gerecht, unseren eigenen, denen der anderen. Wir denken lieber nicht zu viel nach, denn genau das würde noch mehr Energie kosten, und diese Energie ist gerade nicht da. Doch dieser Modus bringt uns nicht voran. Wir werden zu Mitläufern unseres eigenen Lebens. Wer steuern will, der muss sich die unbequemen Fragen stellen. Sie sind wichtig für unser Selbstbild und für unsere Fähigkeit, unser eigenes Leben zu steuern.

Fragen wie diese:

#1 Fehlt mir wirklich etwas?

#2 Wie kann ich meine Sorge weg-entspannen?

#3 Wovor habe ich Angst?

#4 Was ist mir in diesem Augenblick wirklich wichtig? Und was ist mir in diesem Jahr wirklich wichtig? Passt das zusammen?

#5 Wird mir dieses Produkt/diese Methode in drei Monaten noch etwas bedeuten?

#6 Wer profitiert, wenn ich das jetzt bezahle?

#7 Wer sagt eigentlich, dass ich nicht gut genug bin? Und mit welchem Recht?

8 Das Leben gelingt nur mit Unabhängigkeit

Von der Wiege bis zur Bahre können wir uns optimieren. Nur wird davon wirklich gar nichts besser. Solange die besten Dinge im Leben gratis sind, können wir uns den angeblich bedeutsamen Konsum sparen. Das ist schwierig. Kann aber tatsächlich zur Routine werden. Wir gewinnen dabei den Hauptpreis: uns selbst.

Wir brauchen das nicht

Wir Menschen zwingen uns ständig Dinge auf, von denen wir glauben, dass sie uns besser machen. Es beginnt in der Schwangerschaft mit der perfekten Nährstoffversorgung (früher nannte man es: Essen), dem perfekten Maß an Sport, der besten Hebamme, dem besten Krankenhaus. Das Baby bekommt früheste Frühförderung – keine Ahnung, wie es in unserer Generation überhaupt intelligentes Leben geben kann, obwohl uns niemand im Mutterleib mit klassischer Musik beschallt hat. Wussten Sie, dass es Bauchbinden mit Lautsprechern gibt, damit der Fötus... So, die eine Hälfte von Ihnen lacht, die andere googelt gerade. Seufz. Und das geht weiter bis zum Schwedisch-Kurs im Rentenalter und dem perfekten grünen Rasen. Von der

Wiege bis zur Bahre. Oder wenigstens bis kurz vor der Bahre, denn Selbstoptimierung ist so teuer, dass für ein schönes Grab in letzter Zeit eher kein Geld mehr da ist. Dafür gibt's Bestattungsdiscounter. Ich würde aber nicht drauf wetten, dass der Trend zum optimierten Grab nicht noch kommt. Individualisten wären begeistert.

Wenn ich mir etwas wünschen darf, dann dass Sie mit diesem Gefühl aus der Lektüre dieses Buches herausgehen: *Da draußen sind Leute, die wollen Geld verdienen, um sich ein schönes Leben zu machen. Das tun sie mit allen Mitteln, die ihnen zur Verfügung stehen. Und diese Mittel sind nicht immer zu meinem Besten. Aber ich weiß es besser. Und ich mache mir selbst ein schönes Leben.*

Es kommt gar nicht darauf an, ob Sie wie Frank Schirrmacher von einem »Informationskapitalismus« sprechen oder wie Shoshana Zuboff vom »Überwachungskapitalismus«. Entscheidend ist, dass Sie verstehen, wie moderne Unternehmen funktionieren. Genauer noch: Wir müssen verstehen, was ein Unternehmen in dieser Zeit erfolgreich macht – und dass es uns als Individuen etwas kosten kann. Zeit, Geld, Lebensenergie und ja, auch ein Stück von unserem Glück. Dieses Buch soll dazu beitragen, dass jeder von uns diese Mechanismen durchschaut und sich bewusster verhalten kann. Nur informierte Konsumenten können eine Wirtschaftsordnung einfordern, in der das gute Leben im Zentrum steht. Denn darum geht es eigentlich.

Es wird so viel verteufelt in unserer Zeit. Und das nervt mich. Bitte verteufeln Sie nicht. Sehen Sie die Welt, wie sie ist: verdammt komplex und voll mit widerstrebenden

Interessen. Das ist in Ordnung. Aber wenn wir uns immer wieder von Menschen beeinflussen lassen, die vom Bösen sprechen, von hinterhältigen Politikern, einer verschworenen Elite, der totalen Überwachung, Schurken-Unternehmen und so weiter, wie wollen wir dann jemals ein glückliches Leben führen? So funktioniert das einfach nicht. Misstrauen macht nicht glücklich. Misstrauen ist nur ein weiteres negatives Gefühl für die Sammlung negativer Gefühle, die uns alle in die Selbstoptimierung treiben. Am Ende haben wir gekämpft und einander Angst gemacht und wieder nichts gewonnen.

Wir brauchen das alles nicht.

Wir brauchen die Angst nicht und nicht die Rettung durch andere, wir brauchen unsere kritischen inneren Stimmen nicht und schon gar nicht das Streben, noch besser zu werden. Viele Menschen sind total super und merken es nicht, und wenn sie es merken, dann wollen sie es nicht zugeben. Wie gut wollen Sie denn noch werden?

Richten wir unsere Aufmerksamkeit auf unsere Bedürfnisse und unsere Fähigkeiten. Dann merken wir sehr schnell, wie gut wir Entscheidungen treffen können und wie vollkommen irrelevant dabei Manipulationen und Verführungen sind.

Es ist gut und wichtig, dass es Menschen gibt, die immer wieder mit den Fingern auf Unternehmen zeigen, die ihre Konsumenten in die Irre führen. Wir brauchen sie, um unsere Aufmerksamkeit zu schärfen. Aber fahren Sie doch Ihre Empörung mal etwas zurück. Wir werden die vollkommene Privatsphäre nicht zurückbekommen, weil sie nie so normal war, wie wir Kinder des absonderlichen 20. Jahrhunderts denken. Sie kam, verwöhnte uns und dann verschwand sie wieder – wir ließen sie ziehen. Das heißt nicht, dass wir jetzt alles preisgeben müssen, ganz im Gegenteil. Aber wenn Sie versuchen wollen, Ihre Verhaltensmuster zu verschleiern, reicht es leider nicht, bei der Anmeldung eines neuen Amazon-Kontos beim Geburtsdatum zu lügen. Und Facebook-Gründer Mark Zuckerberg ist es auch ziemlich egal, ob Sie einen Post verfassen, in dem Sie den AGBs widersprechen. Solange Sie das Netzwerk nutzen, zahlen Sie mit Ihren Daten. Und es ist völlig egal, wie Sie das finden. Machen Sie sich bewusst, was Sie tun, wenn Sie im Internet etwas tun. Davon haben Sie mehr als von Wut und Empörung. Sagen Sie sich: Ich will wissen, ob ich im nächsten Leben ein Pfeilgiftfrosch werde, also bezahle ich mit meinen Daten. Wenn Sie das doof finden, dann schließen Sie die App und fahren Sie an den See.

Alle Macht den Nein-Sagern

Lernen wir also, Nein zu sagen. Das ist mein finaler Appell. Nein zu unseren Ängsten und zu den Ängsten der anderen. Nein zu Angeboten, die uns nichts geben, sondern etwas fordern. Nein zu Methoden, bei denen mir niemand sagen kann, wieso sie für mich funktionieren oder ob und warum oder auch nicht. Und Nein zu einer Optimierung, die genau das Gegenteil von dem tut, was sie verspricht. Wir haben längst alles, was wir brauchen. Unser wahres Ich ist schon bei uns, und es ist gut genug. Kein Grund, Irrwege einzuschlagen, um es ein paarmal um den Block zu jagen. Sie werden Ihr Ich mögen. Da bin ich ganz sicher. Sie müssen es nur mal wieder zu Wort kommen lassen.

Stattdessen hören wir anderen zu. Es ist eine Dauerbeschallung. Ständig bieten andere uns ihre Hilfe an. Wow. Sie wollen uns wachsen lassen, damit wir größer sind, besser, härter, glücklicher, individueller, was auch immer. Wir können alles sein, wir müssen nur ein bisschen investieren, so klingt die Botschaft.

Ich würde sagen: Wir können alles sein, wir müssen nur aufhören, jemand anderes sein zu wollen, nur weil irgendjemand uns suggeriert, anders sein sei besser. Vorbilder, gefunden in Gurus und Experten, sind eine feine Sache. Wenn Sie ein Teenager sind. Vermutlich sind Sie aber keiner mehr. Also warum sollten Sie so jemand sein wollen? Sie sind doch schon Sie selbst, das hat bis hierher auch gereicht. Mit Ihren Alltagssorgen, Ihrer Normalität sind Sie bis an diesen Tag Ihres Lebens gekommen. Ist doch toll! Hören Sie auf, den Methoden anderer nachzujagen. Sie verschwenden Lebenszeit und machen damit doch nur wieder den selbsternannten Guru glücklich.

Denn was wäre ein Experte, wenn niemand seinen Rat bräuchte? Wer ständig seine Hilfe anbietet, der macht seinem Hilfsobjekt damit nur eines klar: Du bist kleiner als ich, schwächer. Nicht gut genug. Du brauchst mich. Ohne mich bist du nicht du genug. Ganz egal, wie gut du schon bist, ich hab da was gefunden. Eine Schwachstelle, schon wieder eine Schwachstelle an dir. Vielleicht warst du gestern gut, aber heute haben sich die Bedingungen geändert.

Nein.

Nein, danke. Selbstoptimierung, egal ob sie von inneren Stimmen befohlen oder von vermeintlich wohlmeinenden Ratgebern empfohlen wird, macht uns weder besser noch glücklicher. Schon gar nicht werden wir durch sie stärker. Wer ständig an sich herumdoktert, der weicht sich nur auf. Unser Leben zerfasert in viele kleine Ich-Projekte, von denen keines uns irgendwo hinführt, außer vielleicht in die Dispo-Zone, und glauben Sie mir, da ist es wirklich nicht schön.

Dabei gibt es das gute Leben ziemlich günstig zu haben, oft genug ist es gratis. Es findet in uns selbst statt, also warum sollten wir es außerhalb suchen? Das ist der Mut zur Egozentrik, den ich empfehle. Kreisen Sie doch mal ein wenig um sich selbst! Das ist deutlich gesünder, als alles mit sich machen zu lassen, als Trends nachzujagen oder dem neuen Hype zum besseren Leben zu folgen. Ihr Leben und seine gut genutzten Zeitslots bringen Ihnen nix, wenn Sie mit sich selbst ein Problem haben. Also fangen Sie bei sich an. Und sagen Sie zu allem anderen erst einmal Nein.

Nein danke, vielleicht später, vielleicht auch nie. Aber jetzt komme erst einmal ich.

Glück braucht keine Perfektion

Ich tue etwas Ungewöhnliches, ich verrate Ihnen den Arbeitstitel dieses Buches. »Tut weniger«, so heißt das Dokument, in dem ich diese letzten Seiten schreibe. Ich habe es einfach nie umbenannt. Denn das war die Idee der ersten Tage: Wir tun zu viel in unserem Streben nach einem guten Leben. Menschen kämpfen, sie quälen sich, sie wollen besser werden. Perfekte Arbeit abliefern, perfekt aussehen, perfekte Eltern sein, perfekte Partner. Aus der Freundschaftsperspektive sieht das regelmäßig total bescheuert aus.

»Entspann dich mal«, sagen wir.

»Du übernimmst dich«, warnen wir.

»Niemand erwartet Perfektion von dir«, erinnern wir, aber es hilft alles nichts, denn die Innenperspektive ist niemals so vernünftig wie der Blick eines wohlmeinenden Freundes. Das Streben nach Perfektion sieht von außen aus wie ausgeprägter Selbsthass. Sobald man Perfektionismus als Lebenshindernis entlarvt hat, fangen Perfektionisten an, auf absurde Art und Weise zu nerven. Sie wollen besser sein und versauen sich damit hingebungsvoll das Leben.

»Wie gut soll ich denn noch werden?«, lautet die Frage, die ich für dieses Buch gestellt habe. Ein Freund würde sagen:

»Du bist gut genug.«

Das übersehen wir im Alltag ja gern, dass wir eigentlich ziemlich super sind. Das Ich hat ein Akzeptanzproblem. Fjodor Dostojewski schlug als Lösung für die traurige Suche nach dem Glück vor: »Der Mensch ist unglücklich, weil er nicht weiß, daß er glücklich ist.« Dieser Satz kann nach heutigem Stand der Wissenschaft als eine von mehreren Säulen betrachtet werden, auf denen unser Lebensglück ruht. Wenn wir das Glück nicht annehmen, dann ist alles Streben vergebens.

Und vielleicht gelten diese Worte auch für die Selbstoptimierung. Vielleicht denken wir, wir müssten besser werden, weil wir nicht merken, dass wir super sind. Und manchmal wollen wir es vielleicht auch einfach nicht wahrhaben. Oder super ist uns nicht genug. Ich kann zum Beispiel ganz gut klettern. Trotzdem ist das absolut kein Weltklasseniveau, nicht einmal Stadtmeisterschaft. Ich bin ganz gut und es macht mir Spaß, aber meine innere Topathletin lacht mich trotzdem jedes Mal aus.

Vielleicht sind wir längst super

»Guck mal, wie gut die anderen sind.«

Diese Situation lässt mir verschiedene Optionen offen.

Ich könnte viele Monate lang trainieren, die nötigen und angemessenen Opfer bringen und dabei verdammt gut werden.

Oder ich könnte quengeln und mich ärgern, dass ich im Vergleich eigentlich gar nichts kann und die Zeit für ein Leistungstraining nicht habe und nicht das Durchhaltevermögen und… oje.

Oder ich freue mich einfach, dass ich ganz gut bin und Spaß dabei habe. Manchmal verrennen wir uns. Etwas macht uns Freude, und wir wollen fantastisch dabei sein. Aber haben Sie schon mal hinterfragt, ob Sie auf dem Weg zum Fantastischwerden noch immer Spaß hätten? Keine Frage, vielleicht hätten Sie den.

Vielleicht wäre es aber auch einfach nur ganz unfantastisch anstrengend. Und vielleicht fänden Sie im Zuge dieser Anstrengung schon wieder etwas Neues, in dem Sie auch super sein könnten, und das hört wirklich niemals auf. Nie. Wenn, dann müssen wir selbst aufhören, ständig besser sein zu wollen.

Wir trauen uns schon lange keine Mittelmäßigkeit mehr, als sei sie etwas Schlimmes, eine Gefahr. Der Historiker und Allround-Wissenschaftler Yuval Noah Harari schreibt in seinem Buch »Homo Deus«[52] über das Glück: »Hier passen sich die Erwartungen der Lage an, und die Herausforderungen von gestern werden allzu schnell zum Überdruss von heute. Der Schlüssel zum Glück ist also möglicherweise weder der Wettkampf noch der Siegerkranz, sondern die richtige Dosierung von Erregung und Ruhe. Die meisten von uns aber verfallen am liebsten direkt vom Stress in die Langeweile und wieder zurück, was dazu führt, dass sie mit dem einen so unzufrieden sind wie mit dem anderen.« Harari schreibt über den modernen Menschen als »Homo Deus«, als einen Menschen, der nach nichts anderem mehr strebt als nach Göttlichkeit. Von diesem Menschentyp zeichnet er kein sonderlich verwerfliches Bild. Eher das Bild eines Menschen, der noch nicht raushat, wie er mit seinen Möglichkeiten umgehen soll. So treiben uns die Extreme in die Unzufriedenheit und von dort aus direkt hinein in weitere Selbstoptimierung. Wir finden einfach nicht zur Ruhe, solange wir das für uns selbst richtige Maß nicht entdeckt haben.

Wir müssen uns trauen, mittelmäßig zu sein

Extreme brauchen wir zum Fortkommen und manchmal auch für die Erholung und die Kreativität. Aber niemand braucht die ganze Zeit Extreme. Sie laugen uns aus, nehmen uns die Energie und am Ende die Lebenszeit. Leben ist das, was passiert, wenn gerade nichts Besonderes passiert, schrieb ich zu Beginn dieses Buches.

Genau diese Zeit zuzulassen, dazu fehlt vielen Menschen der Mut. Das ist bedauerlich, denn am Ende haben sie das Wichtigste verpasst:

Sich selbst.

Also lösen wir uns von dem, was auf uns eindringt, und kümmern wir uns wieder mehr um uns selbst. Wir haben es einfach falsch gelernt, aber das macht nichts. Wir nehmen die Egozentrik und machen etwas Schöneres daraus. Etwas, das uns endlich uns selbst sein lässt, auch wenn das Ich heute jemand anderes ist als vor einem Jahr. Was soll's? Die Abkehr von der Selbstoptimierung hat viel damit zu tun, sich selbst zu erkennen, zu akzeptieren und zu mögen. Und das am besten ohne sich selbst neue Grenzen durch vermeintlich dominante Charaktereigenschaften zu setzen. Das Ich braucht gewisse Freiheiten. Glauben wir also nicht an die einfachen Lösungen, die uns versprochen werden. Wäre das Leben einfach, wir hätten es schon eher herausgefunden. Ein »Mehr« hat noch nie irgendwas vereinfacht, das gilt auch für die neue Methode, die neue Routine. Wenn Sie unbedingt Streit mit sich selbst anfangen wollen, dann diskutieren Sie doch mal über Ihren Optimierungskonsum. Machen Sie sich frei davon. Tun Sie weniger.

Unabhängigkeit ist einer der wichtigsten Schritte des Erwachsenwerdens. Wir lösen uns. Von den Erwartungen anderer. Und schließlich auch von dem, was andere uns aufquatschen wollen. Selbstoptimierung ist ein Motor unserer Wirtschaft – aber ich behalte meine Energie lieber bei mir.

Das ist schwer. Das ist kein stabiler – optimierter – Zustand, wie ihn Scharlatane uns versprechen. Es ist etwas, an das wir uns immer wieder erinnern müssen, so wie wir immer wieder verführt werden sollen.

Aber wir können das. Wir sind dem gewachsen.

9 Schlussbemerkungen

Wieso schreibt man also erst über Glück und dann darüber, dass Selbstoptimierung Quatsch ist?

Weil beides eng zusammenhängt. Glück ist das Ziel der Optimierung. Doch, und das zeigen meine Recherchen zu meinem ersten Buch »Die Entdeckung des Glücks«, so sehr müssen wir uns nicht anstrengen für unser Glück. Im Gegenteil. Viel zu oft suchen wir an der falschen Stelle. Und unser Heil in der Selbstoptimierung zu suchen, genau das wird uns als Lösung suggeriert. Lassen wir das. Es führt zu nichts.

Hinterfragt es. Alles.

Wir halten uns für so wahnsinnig kritisch, aber wir sind es nicht. Im Gegenteil. Gerade wenn es um Optimierungskonsum geht, dann sind wir in absurdem Ausmaß offen für alles. Wir hinterfragen einfach nicht genug. Glücklicherweise kann man sich das antrainieren. Ein paar Vorschläge vor dem nächsten Griff zur Kreditkarte:

- Brauche ich das wirklich?
- Wofür brauche ich das?
- Ist das überhaupt mein eigenes Ziel?
- Erreiche ich das nicht anders viel effizienter und nachhaltiger?
- Hilft mir dieses Produkt / diese Methode überhaupt?

- Woher kommt das Gefühl, nicht zu genügen?
- Mit wem vergleiche ich mich?
- Wovor habe ich Angst?
- Ist das Gefühl realistisch?

Anhang

Danke

Viel Dank gilt Johannes Engelke und Monika König vom Goldmann Verlag, die so viel Energie in ihre Projekte stecken und mit denen die Zusammenarbeit so herrlich reibungsvoll ist. Und Markus Michalek und dem Team der Agentur AVA International für gute Betreuung und wertvolle Diskussionen um jedes Thema.

Petra Prophet und Harry Sinkel, vielen Dank für eure Unterstützung. Anika Landsteiner, Anja Reumschüssel, Melina Royer, eure Anmerkungen waren unbeschreiblich wertvoll für mich, die Kritik erst recht.

Andreas Rickmann, mein logisches Gewissen und der Mensch, ohne den ich mich während dieses Buches verirrt hätte und ohne den ich verhungert wäre. Danke euch allen. Wozu noch optimieren, wenn die besten Leute schon da sind?

Weiterlesen

Ich hoffe, Sie hatten Ihre Freude an diesem Buch und ich habe Sie nicht mit düsteren Konsumperspektiven in die Flucht geschlagen. Mein Ziel ist es, uns Wege in ein freieres, schöneres Leben zu öffnen. Das gelingt mit Wissen. Ähnlich arbeiten auch andere Autorinnen und Autoren. Einige Bücher habe ich häufiger zitiert. Ich möchte sie Ihnen ans Herz legen:

Yuval Noah Harari, Homo Deus – Eine Geschichte von Morgen, C. H. Beck, 2018
Was fangen wir Menschen mit unserem Leben an – und warum ist das auf einmal so schwer herauszufinden? Harari beantwortet diese Frage sehr präzise. Wir haben so gut wie all unsere Probleme gelöst und genau das ist nun unsere größte Sorge geworden.

Marc-Uwe Kling, Qualityland, Ullstein, 2017
Ein Mann, ein Delfinvibrator, ein Unternehmen. So beginnt Marc-Uwe Klings »Qualityland«. Kling schreibt darin über Algorithmen, die uns so perfekt kennen, dass sie sogar die Regierung übernehmen – zum Wohle aller. Die Geschichte ist spannend, die Idee erstaunlich realistisch. Empfehlenswert ist auch das Hörbuch, Kling liest selbst.

Thomas Ramge, Mensch und Maschine – Wie künstliche Intelligenz und Roboter unser Leben verändern, Reclam, 2018
Wie funktioniert diese neue Welt, in der wir leben und die

so schnell nicht wieder weggeht? Thomas Ramge hat es knapp und klug erklärt. Er zeigt uns Chancen und Gefahren auf und stellt die Fragen, die wir als Gesellschaft noch beantworten müssen.

Melina Royer, Versteckt gilt nicht – Wie man als Schüchterner die Welt erobert, Kailash, 2017
Melina Royer erklärt uns, warum wir uns manchmal so wahnsinnig klein in dieser Welt fühlen. Und wie wir daraus unsere eigene Kraft ziehen können. Ich bin nicht überragend schüchtern, eher durchschnittlich. Doch in diesem Buch habe ich wahnsinnig viel gelernt.

Frank Schirrmacher, Ego – Das Spiel des Lebens, Blessing, 2013
»Was wird hier mit uns gespielt?«, hat Frank Schirrmacher im Jahr 2013 gefragt. »Ego« ist ein Buch, das von einem sozialen Monster spricht, das geprägt ist von Egoismus und Misstrauen, aber auch von Angst. Wenn Ihnen mein Optimismus auf die Nerven geht, schauen Sie mal bei Schirrmacher rein. Seine Gedanken waren zeitlebens präzise und richtungsweisend für unsere Gesellschaft. »Ego« mag einige Jahre alt sein, doch Schirrmachers Anregungen bleiben bedeutsam.

Ich selbst habe im Jahr 2017 mein erstes Buch veröffentlicht:
Isabell Prophet, Die Entdeckung des Glücks – Dein Leben fängt nicht erst nach der Arbeit an, Mosaik, 2017
Darin erkläre ich, wie wir mit der Wissenschaft vom Glück ein besseres Leben führen und warum wir dafür weniger

streben müssen. Es ist ein praktisches Buch. Ich erzähle aus der Forschung und habe auch ein paar Übungen für den Alltag parat.

Register

Algorithmen 139, 156, 161
Amazon 138 f., 142, 161, 166, 190, 248
Anerkennung 241 f.
Angst 70, 76 ff., 80, 84, 88 f., 92 f., 98 ff., 243, 247
-Ökonomie 97, 99
Produkte gegen A. 100 f.
Anpassung 51, 216
Anspruch 178, 243
Apple 142, 166, 168
Arbeitsmarkt 39 f.
Aufmerksamkeitsökonomie 34
Ausgeglichenheit 202
Auszeit 181

Bedürfnisse 142, 145 ff.
Belohnung 53, 223 f.
Bewertungskultur 212
Botschaften, die uns gefallen 132 f., 151
–, fragwürdige 135

Charaktereigenschaften 216 f., 220
Coaching 21 f.

Daten (sammeln) 22, 121, 137, 139 f., 143, 155, 157, 162 f., 165, 169, 173, 239
am eigenen Körper 112, 121
Demokratisierung der Daten 163

Egoismus 201
Egozentrik 200 f., 210, 216 f., 235, 254

Entscheidungen treffen 167 f., 170, 176, 202, 204, 226 f., 231 f., 247
Entspannung 40 f.
Erfolg im Leben 106
Erwartungen 218 f., 254
Extrempositionen 128 f., 253

Facebook 21, 24, 32 f., 134, 139, 141 f., 158, 164 ff., 168, 209, 248
Fantasie 78 f.
Fehler, eigene 28, 32, 68, 136, 235
Forschung 113 ff., 120, 128, s.a. Studien
Freiheit 43 f., 221, 254
Frieden, innerer 202, 205

Geld 33 ff., 43, 65, 98, 137, 172 f., 179 f.
Gesundheit 52, 114 f., 120, 130 f., 182 f.
Gewohnheit 55–58, 150, 193 f., 221–225
Glück 35, 66 f., 180, 239, 251, 253, 256
Google 139, 142 f., 166
Greenwashing 185

Healthwashing 186
Herdentrieb 127
Heuristiken 217, 220

Ich, perfektes 28
Individualisierung 59 ff., 195 f.
Influencer 64, 94, 148, 174 f.
Informationsangebot 153

265

Informationskapitalismus
 139 f., 246
Instagram 19, 40 f., 94, 160, 176,
 206, 209
Intelligenz, künstliche 122, 161 f.
Internet 18 ff., 36, 138, 141,
 149–153, 167, 184, 213
 Bewertungen im I. 211
 Qualitätskontrolle 150 f.
Intuition 151 f.

Klickvieh 146, 151
Konformität 128
Konsum 20, 23, 31, 58, 64, 98, 141,
 145, 179, 203 f., 239, 245
 -vieh 137, 146, 151
Konsumenten 140, 179, 182, 184,
 195, 212, 246, s.a. Kunden
Kunden 33, 137

Liebe 72
Lösungen, einfache 116 f., 136

Macken 214 ff.
Manipulation 186
Markenbotschafter 173 ff.
Marketing 98, 142, 172, 187, 189
 entlarvende Begriffe 187 f.
Maximierer 69

Narzissmus 229
Neid 53, 106, 175, 206 f., 209 f.,
 229, 231
Nein sagen 248 f., 250
Netflix 143 f.
Netzwerke, soziale 32, 159, 237 f.,
 s.a. Social Media
Netzwerkeffekte 160 f.

Öffentlichkeit 237 ff.
Opportunitätskosten 231
Optimierung 20 f., 37, 42 f., 46, 49
 bei anderen Menschen 71 f.
 Erlebnis- 159
 Missverständnisse 60 ff.
 Selbst- 20 f., 39, 46 ff., 145, 169,
 181
 Ziele 66
Optimierungsindustrie 171
Optimierungskonsum 155, 164,
 200, 213, 254
Optimierungsprodukte 87

Partner 71–75
Perfektion 77, 86, 120, 213 f.,
 227–230, 251
Prioritäten 232 f.
Privatheit 41, 237, 239
Privatsphäre 157, 159, 162, 164,
 237, 247
–, digitale 154
Programmieren, neurolinguistisches 187

Quantified Self 24

Satisficer 60
Schätzungen 123 f., 127
Scheitern 29
Schlaf 121 f.
Schuldgefühle 90 ff.
Schwarmintelligenz 124 f., 127, 129
Schwierigkeiten aushalten 87 f.
Selbstachtung 240, 242
Selbstbewusstsein 241
Selbstliebe 25, 48, 235
Selbstoptimierung 20 f., 39, 46 ff.,
 145, 169, 181, 236, 250, 253
–, körperliche 192 f.

Selbstoptimierungskonsum 184
Selbstvertrauen 239, 242
Selbstwertgefühl 239
Selbstzweifel 243
Sicherheit 99
Skaleneffekte 161
–, positive 160
Smartphone 33 f., 111
Social Media 174, 207, s.a. soziale Medien
Sorgen 77, 93, 95 f.
Alltags- 87, 94
Sprachassistenten (Alexa, Echo) 122, 137 f., 190
Stabilität 61 ff.
Stimmen, innere 202, 241, 250
Strebsamkeit 53, 107, 180, 205, 236
Stress 83, 121, 176 f., 180 f.
Studien 113, 115, 119 f., 130 f., 135
Superlative 211, 213 f.

Teamfähigkeit 126
Trends 105 f., 108, 176, 182, 195, 214, 228, 250

Überwachungskapitalismus 140 f., 145, 246

Umfeld, soziales 27
Unsicherheit 170 f.
Unterbewusstsein 81 f., 86, 106, 226, 229, 234
Unternehmen (Wirtschafts-) 33 ff., 65, 98 f., 140 f., 143, 147, 155 ff., 168, 171 ff., 184 f., 239, 247
Unzufriedenheit 26, 51, 205, 253
Urteilsvermögen 83, 85, 94, 127

Verantwortung übernehmen 222
Vergleichen 37 f., 208
Verkaufsmaschinen 137, 146
Verschwörungstheorien 171

Wachstum, wirtschaftliches 31
Werbung 23, 32, 34, 53, 58, 69, 99 f., 145 f., 154 f., 173, 178, 238
Whitewashing 185
Wille, freier 224

Zeit 34, 36, 40, 43, 137
Ziele 49 f., 55, 108 ff., 236
Zielkonflikt 35, 63, 65
Zufriedenheit 62 f., 65, 180

Quellen

1 Isabell Prophet, *Die Entdeckung des Glücks. Dein Leben fängt nicht erst nach der Arbeit an*, Mosaik, 2017

2 https://blog.marketresearch.com/whats-next-for-the-9-9-billion-personal-development-industry, abgerufen am 6. November 2018

3 Maxwell Maltz, *Psycho-Cybernetics*, Pocket Books, 1989

4 P. Lally, C. van Jaarsveld, H. Potts, J. Wardle, »How are habits formed: Modelling habit formation in the real world«, *Eur. J. Soc. Psychol.* 40:6 (2010), 998–1009

5 B. Schwartz, A. Ward, J. Monterosso, S. Lyubomirsky, K. White, D. Lehman, »Maximizing versus satisficing: Happiness is a matter of choice«, *Journal of Personality and Social Psychology* 83:5 (2002), 1178–1197

6 C. E. Cryder, J. S. Lerner, J. J. Gross, R. E. Dahl, »Misery is not miserly: Sad and self-focused individuals spend more«, *Psychol. Sci.* 19:6 (2008), 525-530

7 Jaron Lanier, *Zehn Gründe, warum du deine Social Media Accounts sofort löschen musst*, Hoffmann und Campe, 2018

8 Ryan T. Howell, Paulina Pchelin, Ravi Iyer, »The preference for experiences over possessions: Measurement and construct validation of the Experiential Buying Tendency Scale«, *The Journal of Positive Psychology* 7:1 (2001), 57-71

9 Gráinne M. Fitzsimons, Eli J. Finkel, Michelle R. van Dellen, »Transactive goal dynamics«, *Psychological Review* 122:4 (2015), 648-673

10 Nickola C. Overall, James K. McNulty, »What type of communication during conflict is beneficial for intimate relationships?«, *Current Opinion in Psychology* 13 (2017), 1-5

11 https://www.nytimes.com/2017/09/08/opinion/sunday/how-to-fix-theperson-you-love.html, abgerufen am 3. September 2018

12 https://www.ted.com/talks/karen_thompson_walker_what_fear_can_teach_us#t-666216, abgerufen am 3. September 2018

13 Yuval Noah Harari, *Homo Deus. Eine Geschichte von Morgen*, C. H. Beck, 2018

14 Melina Royer, *Verstecken gilt nicht*, Kailash, 2017

15 Alexandra Reinwarth, *Am Arsch vorbei geht auch ein Weg*, mvg, 2016

16 Ulrich Beck, *Risikogesellschaft*, Suhrkamp, 2015

17 T. D. Borkovec, H. Hazlett-Stevens, M. L. Diaz, »The role of positive beliefs about worry in generalized anxiety disorder and its treatment«, *Clin. Psychol. Psychother.* 6 (1999), 126-138

18 Lucas LaFreniere, Michelle Newman, »A brief ecological momentary intervention for generalized anxiety disorder: A randomized controlled trial of the Worry Outcome Journal«, *Depression and Anxiety* 33:9 (2016), 829-839

19 https://www.zeit.de/wirtschaft/2016-12/homoeopathie-medikamentekrankenkassen-leistungen-kunden-wettbewerb

20 John Strelecky, *The Big Five for Life: Was wirklich im Leben zählt*, dtv, 2009

21 Isabell Prophet, *Die Entdeckung des Glücks. Dein Leben fängt nicht erst nach der Arbeit an*, Mosaik, 2017

22 B. Lebwohl, Y. Cao, G. Zong, »Long term gluten consumption in adults without celiac disease and risk of coronary heart disease: Prospective cohort study«, *British Medical Journal* 2017

23 https://qz.com/1301123/why-eight-hours-a-night-isnt-enough-according-to-a-leading-sleep-scientist/, abgerufen am 21. November 2018

24 Jan Lorenz, Heiko Rauhut, Frank Schweitzer, Dirk Helbing, »How social influence can undermine the wisdom of crowd effect«, *Proceedings of the National Academy of Sciences* 108:22 (2011), 9020-9025

25 Gunter Dueck, *Schwarmdumm: So blöd sind wir nur gemeinsam*, Campus, 2015

26 Gregory S. Berns, Jonathan Chappelow, Caroline F. Zink, Giuseppe Pagnoni, Megan E. Martin-Skurski, Jim Richards, »Neurobiological correlates of social conformity and independence during mental rotation«, *Biol. Psychatry* (58) 2005, 245-253

27 Vasily Klucharev, Kaisa Hytönen, Mark Rijpkema, Ale Smidts, Guillén Fernández, »Reinforcement learning signal predicts social conformity«, *Neuron* 61:1 (2009), 140-151

28 Amos Tversky, Daniel Kahneman, »Judgment under uncertainty: Heuristics and biases«, Science, New Series 185:4157 (1974), 1124-1131

29 S. Wang, X. Liang, Q. Yang, X. Fu, C. J. Rogers, M. Zhu, B. D. Rodgers, Q. Jiang, M. V. Dodson, M. Du, »Resveratrol induces brown-like adipocyte formation in white fat through activation of AMP-activated protein kinase (AMPK) α1«, *International Journal of Obesity* 39 (2015), 967–976

30 https://www.facebook.com/Gerbic/videos/10156366492048771/, abgerufen am 21. November 2018

31 https://reporter.mcgill.ca/how-our-deceptive-cancer-cure-video-wentviral-and-reminded-people-to-be-skeptical/, abgerufen am 9. Juli 2018

32 Frank Schirrmacher, *Ego. Das Spiel des Lebens*, Blessing, 2013

33 Shoshana Zuboff, *Das Zeitalter des Überwachungskapitalismus*, Campus, 2018

34 Scott Galloway, *The four*, Plassen, 2017

35 Joseph Adalin, »Inside the binge factory«, *New York Magazine* 11. Juni 2018

36 https://qz.com/572269/most-of-the-information-we-spread-online-isquantifiably-bullshit/, abgerufen am 5. September 2018

37 Frank Schirrmacher, *Ego. Das Spiel des Lebens*, Blessing, 2013

38 Thomas Ramge, *Mensch und Maschine*, Reclam, 2018

39 Die Ärzte, *Hurra* (Musik/Text: Farin Urlaub), Metronome Records, 1995

40 Mark-Uwe Kling, *Qualityland*, Ullstein, 2017

41 Scott Galloway, *The four*, Plassen, 2017

42 Shoshana Zuboff, *Das Zeitalter des Überwachungskapitalismus*, Campus, 2018

43 https://www.stylebook.de/stars/dekollete-panne-bei-kim-kardashian-beauty-fail, abgerufen am 17. Juli 2018

44 Pierre Bourdieu, *Die männliche Herrschaft*, Suhrkamp, 1998

45 Melina Royer, *Verstecken gilt nicht*, Kailash, 2017

46 Rolf Dobelli, *Die Kunst des guten Lebens. 52 überraschende Wege zum Glück*, Piper, 2017

47 Gebrüder Grimm, Die schönsten Kinder- und Hausmärchen

48 http://gutenberg.spiegel.de/buch/-6248/150, abgerufen am 1. Oktober 2018

49 https://www.nytimes.com/video/magazine/100000001362755/how-tobreak-the-cookie-habit.html, abgerufen am 27. August 2018

50 https://www.nirandfar.com/2015/04/bad-habits.html, abgerufen am 27. August 2018

51 Melina Royer, *Verstecken gilt nicht*, Kailash, 2017

52 Yuval Noah Harari, *Homo Deus. Eine Geschichte von Morgen*, C. H. Beck, 2018